MIX
Papier aus verantwortungsvollen Quellen
Paper from responsible sources
FSC® C105338

Karl Maurer

**Logistik und betriebliches
Umweltcontrolling und
die Internalisierung externer Kosten**

Diplomica Verlag GmbH

Maurer, Karl: Logistik und betriebliches Umweltcontrolling und die Internalisierung externer Kosten, Hamburg, Diplomica Verlag GmbH 2013

Buch-ISBN: 978-3-8428-8817-3
PDF-eBook-ISBN: 978-3-8428-3817-8
Druck/Herstellung: Diplomica® Verlag GmbH, Hamburg, 2013

Bibliografische Information der Deutschen Nationalbibliothek:
Die Deutsche Nationalbibliothek verzeichnet diese Publikation in der Deutschen Nationalbibliografie; detaillierte bibliografische Daten sind im Internet über http://dnb.d-nb.de abrufbar.

Das Werk einschließlich aller seiner Teile ist urheberrechtlich geschützt. Jede Verwertung außerhalb der Grenzen des Urheberrechtsgesetzes ist ohne Zustimmung des Verlages unzulässig und strafbar. Dies gilt insbesondere für Vervielfältigungen, Übersetzungen, Mikroverfilmungen und die Einspeicherung und Bearbeitung in elektronischen Systemen.

Die Wiedergabe von Gebrauchsnamen, Handelsnamen, Warenbezeichnungen usw. in diesem Werk berechtigt auch ohne besondere Kennzeichnung nicht zu der Annahme, dass solche Namen im Sinne der Warenzeichen- und Markenschutz-Gesetzgebung als frei zu betrachten wären und daher von jedermann benutzt werden dürften.

Die Informationen in diesem Werk wurden mit Sorgfalt erarbeitet. Dennoch können Fehler nicht vollständig ausgeschlossen werden und die Diplomica Verlag GmbH, die Autoren oder Übersetzer übernehmen keine juristische Verantwortung oder irgendeine Haftung für evtl. verbliebene fehlerhafte Angaben und deren Folgen.

Alle Rechte vorbehalten

© Diplomica Verlag GmbH
Hermannstal 119k, 22119 Hamburg
http://www.diplomica-verlag.de, Hamburg 2013
Printed in Germany

Inhalt

Abkürzungsverzeichnis 3

Abbildungsverzeichnis 4

Tabellenverzeichnis 4

1. Einleitung 5

    1.1. Hintergrund 5

    1.2. Ziel der Arbeit und die daraus abgeleiteten Forschungsfragen 5

    1.3. Aufbau der Arbeit 6

    1.4. Methodologie 7

2. Einführung in die Thematik der externen Effekte 8

    2.1. Der Begriff der externen Effekte 8

        2.1.1. Kategorisierung externer Effekte 8

        2.1.2. Gesamtauswirkungen negativer externer Effekte 10

    2.2. Volkswirtschaftliche Ansätze zur Internalisierung externer Effekte 12

        2.2.1. Die Besteuerung nach Pigou 12

        2.2.2. Die Eigentumsrechte nach Coase 14

        2.2.3. Sonstige Ansätze 15

    2.3. Von externen Effekten zu externen Kosten 15

        2.3.1. Problem der Quantifizierung externer Kosten 16

        2.3.2. Problem der Monetarisierung externer Kosten 17

3. Nachhaltigkeit in der Logistik 18

    3.1. Begriffsdefinitionen 19

        3.1.1. Nachhaltigkeit und ihre Dimensionen 19

        3.1.2. Logistik und ihre Dimensionen 20

        3.1.3. Nachhaltige Logistik 21

    3.2. Gründe für die Internalisierung externer Kosten in der Logistik 22

    3.3. Beteiligte Stakeholder und deren Interessenskonflikte 22

3.4. Zielkonflikte bei der Internalisierung externer Kosten im Logistiksektor 25

    3.4.1. Wettbewerbsfähigkeit 26

    3.4.2. Technische Umsetzungsprobleme 27

    3.4.3. Unvollständige Information 27

    3.4.4. Organisationelle Probleme 28

4. Ansätze zur Internalisierung externer Kosten seitens der öffentlichen Hand 30

    4.1. Instanzenzug und Instrumente der öffentlichen Hand 31

    4.2. Ansätze bei der Infrastrukturschaffung 33

    4.3. Ansätze bei der Infrastrukturnutzung 34

        4.3.1. INFRAS Studie: Externe Kosten des Verkehrs 35

        4.3.2. Umsetzung der Kosteninternalisierung 38

        4.3.3. EU-Wegekostenrichtlinie 40

        4.3.4. Emission Trading System 41

    4.4. Ansätze im Logistikbereich 43

    4.5. EMAS Umweltmanagementsystem 44

    4.6. Zukünftige Entwicklungen 47

5. Ausgewählte Methoden zur Erfassung externer Kosten der Logistik seitens des Umweltcontrollings 50

    5.1. Total Quality Management 51

    5.2. Life Cycle Costing und Total Cost of Ownership 53

    5.3. Ökobilanzen 55

    5.4. Zukünftige Entwicklungen 59

6. Conclusio 61

7. Literaturverzeichnis 63

Abkürzungsverzeichnis

CO^2 ....Kohlenstoffdioxid

DD ....KonsumentInnen Nachfrage

EK ....Externe Kosten

ETS ....Emission Trading System

EU ....Europäische Union

ISO ....International Organization for Standardization

LCA ....Life Cycle Assessment

LCC ....Life Cycle Costing

PGK ....Private Grenzkosten

SGK ....Soziale Grenzkosten

TCO ....Total Cost of Ownership

TQM ....Total Quality Management

RL ....Richtlinie

VO ....Verordnung

Abbildungsverzeichnis

Abbildung 1: Kosten externer Effekte 13
Abbildung 2: Optimaler Schadensvermeidungsumfang 13
Abbildung 3: Prozentueller Anteil externer Kosten nach Verkehrsträgern (EU17) 37
Abbildung 4: Möglichkeiten zur Internalisierung externer Kosten im Straßenverkehr .. 39
Abbildung 5: Ablauf einer Ökobilanzierung 58

Tabellenverzeichnis

Tabelle 1: Übersicht über die externen Kosten des Straßenverkehrs und die wichtigsten getroffenen Annahmen 36

„Man kann nicht in die Zukunft schauen, aber man kann den Grund für etwas Zukünftiges legen - denn Zukunft kann man bauen."

Antoine de Saint-Exupéry

1. Einleitung

1.1. Hintergrund

Bei historischer Betrachtung des Themas *Umwelt* kann es als gegeben erachtet werden, dass diese seitens der Gesellschaft als öffentliches Gut galt und daher bei deren Nutzung keine Rücksicht auf die Nachhaltigkeit genommen wurde.[1] Durch das Charakteristikum eines öffentlichen Gutes, dass die Konsumenten nicht von der Nutzung ausgeschlossen werden können, muss jeder seinen Beitrag zur Erhaltung der *Umwelt* beisteuern.[2] Durch die Entwicklung der Wissensdisziplin „Umweltressourcenmanagement" und immer ungewöhnlicheren Wetterkapriolen wird der *Umwelt* immer mehr Beachtung geschenkt. Die Menschheit ist mittlerweile hellhörig geworden, wenn es um ihre Zukunft und vielmehr um die Zukunft der nächsten Generationen geht. Aufgrund dieser wachsenden Feinfühligkeit liegt es an der öffentlichen Hand und an der Wirtschaft auf diesen Impuls einzugehen und nachhaltige Ideen für einen ökologischeren Umgang mit unserer Umwelt zu finden.

Durch die Globalisierung erscheint die Erde immer kleiner und Güter können von beinahe jedem Ort der Welt innerhalb kürzester Zeit geliefert werden. Hinter dieser Errungenschaft stecken komplexe logistische Abläufe, die zwangsweise zu einer Zunahme der bereits bestehenden externen Effekte geführt haben.[3] Doch sind bereits aussagekräftige Ideen bzw. Umsetzungen gefunden worden, um diese Effekte verursachungsgerecht zu erfassen, oder vielmehr noch zu deren Vermeidung beizutragen?

1.2. Ziel der Arbeit und die daraus abgeleiteten Forschungsfragen

Durch Analyse bereits bestehender Modelle zur Internalisierung externer Kosten seitens der öffentlichen Hand und des betrieblichen Umweltcontrollings, soll eine umfassende Wissensgrundlage zu den bestehenden Ansätzen der Internalisierung externer Kosten im Logistikbereich geschaffen werden. Der rote Faden der Arbeit wird durch die folgenden Forschungsfragen vorgegeben:

---

[1] Vgl. Prammer (2009), S. 1 f.
[2] Vgl. Wiese (2005), S. 437 f.
[3] Vgl. Bretzke/Barkawi (2010), S. 9 ff.

- Wie kann der Begriff der externen Effekte möglichst übersichtlich dargelegt werden und wo liegen Probleme bei der Internalisierung externer Effekte?
- Welche Ansätze verfolgt die öffentliche Hand um externe Effekte im Bereich der Logistik zu internalisieren und welche Probleme bestehen dabei?
- Wurde seitens des betrieblichen Umweltcontrollings dem Begriff der externen Effekte mit geeigneten Erfassungsmethoden nachgekommen?

1.3. Aufbau der Arbeit

Um eine gute Übersicht zu gewährleisten, werden im ersten Teil der Arbeit die Begriffe „Nachhaltigkeit" und „externe Effekte" abgegrenzt und deren volkswirtschaftliche Bedeutung erörtert. Zusätzlich erfolgt eine grundlegende Ausführung über die Möglichkeiten zur Internalisierung der externen Effekte und den damit verbundenen Komplikationen. In weiterer Folge wird näher auf die Verbindung zwischen externen Effekten und der Logistik eingegangen. Es folgt eine Stakeholder-Analyse, mit dem Ziel, alle beteiligten Interessensgruppen in die Diskussion mit einzubeziehen. Auf dieser aufbauend, werden wesentliche Zielkonflikte erörtert. Den nächsten Teil der Arbeit bildet die Analyse des Stakeholders öffentliche Hand. Durch seine umfangreichen Einflussmöglichkeiten stellt er ein interessantes Forschungsfeld dar. Es werden die einzelnen Entscheidungsebenen der öffentlichen Hand ausgeführt und Handlungswerkzeuge analysiert. Da ein alleiniges Bestreben seitens der öffentlichen Hand nicht ausreichend ist um die Ziele einer nachhaltigen Logistik zu erfüllen, wird im letzten Gliederungspunkt auf die Unternehmensebene, genauer gesagt, auf das betriebliche Umweltcontrolling eingegangen. Es werden aktuelle in Diskussion befindliche Methoden wie Total Quality Management und Ökobilanzen auf ihre Fähigkeit externe Kosten zu erfassen bzw. zu internalisieren überprüft. Um den Bezug zur Praxis zu wahren, wird in allen Kapiteln der Arbeit versucht, die Theorie mit praktischen Beispielen zu belegen. Nach Durcharbeiten dieser Arbeit sollte eine ausreichende Wissensbasis für eine weiterführende Diskussion des Themas der externen Kosten in der Logistik gegeben sein.

1.4. Methodologie

Die weitere Vorgehensweise um die eingangs angeführten Forschungsfragen zu beantworten beruht auf der Analyse von Sekundärdaten. Die Sekundärdaten werden aus Büchern, Journals und Internetressourcen gewonnen. Dies ermöglicht eine qualitative Beantwortung der Forschungsfragen. Es soll dabei keine Operationalisierung der verschiedenen erörterten Ansätze stattfinden. Durch die komplexen Zusammenhänge der verschiedenen Ansätze wäre eine Solche nicht objektiv durchführbar. Vielmehr ist es das Ziel des Forschungsdesigns, eine qualitative Aussage über den derzeitigen Stand der vorhandenen Ansätze zur Internalisierung externer Kosten in der Logistik zu geben und einen Ausblick zu gewähren.

2. Einführung in die Thematik der externen Effekte

2.1. Der Begriff der externen Effekte

Das Individuum ist tagtäglich mit externen Effekten konfrontiert. Es existieren grundsätzlich zwei Möglichkeiten der Ausprägung. Zum Einen gibt es positive externe Effekte. Als Beispiel kann die Betrachtung der Blumen aus dem Nachbargarten genannt werden. Die Blumen haben keine Kosten für das Individuum verursacht, wirken jedoch nutzenstiftend (positive Gefühle bei der Betrachtung). Die zweite Möglichkeit sind negative externe Effekte. Das Wort „negativ" impliziert in diesem Kontext eine Verschlechterung des Nutzens eines anderen Individuums. Negative externe Effekte existieren in den verschiedensten Ausprägungen, beginnend von Zigarettenrauch in Lokalen bis hin zu Abgasen bei Lastkraftwägen.[4,5]

Ein Charakteristikum externer Effekte ist, dass sie bei Nutzung von Ressourcen auftreten und nicht automatisch durch den Preismechanismus erfasst werden.[6] Im weiteren Verlauf der Arbeit wird alleinig auf die negative Ausprägung externer Effekte Bezug genommen. Werden sie identifiziert, quantifiziert und monetarisiert, liegen externe Kosten vor.[7]

2.1.1. Kategorisierung externer Effekte

Externe Effekte treten in verschiedenen Ausprägungen auf. Im Folgenden werden die Möglichkeiten kurz anschaulich kategorisiert.

- <u>Technische externe Effekte:</u> Der von Marktteilnehmer A erzeugte externe Effekt (z.B.: Lärmbelästigung) bedingt bei einem anderen Teilnehmer B eine technische Auswirkung. Individuum B muss durch die Externalität Lärmschutzfenster nachrüsten. Der externe Effekt hat daher einen direkten technischen Einfluss auf ein anderes Individuum. (Notwendigkeit zum Einbau von Lärmschutzfens-

---

[4] Vgl. Varian (2007), S. 743
[5] Vgl. Weinreich (2003), S. 158
[6] Vgl. Günther (2008), S. 228 f.
[7] Vgl. Weinreich (2003), S. 154

tern).[8,9] Das wesentliche Problem technischer externer Effekte liegt am falschen Preismechanismus. Der Verursacher der Externalität zahlt einen zu geringen Beitrag für die Verursachung des Lärmes.[10,11]

- <u>Psychologische externe Effekte:</u> Diese Ausprägung externer Effekte ist eng verwandt mit den zuvor erörterten technischen externen Effekten. Wird bei technischen externen Effekten auf den direkten Einfluss (Wechsel der Fenster) abgezielt, ist bei psychologischen Effekten die Psyche des Menschen an sich der Ansatzpunkt. Selbst nach Auswechseln der Fenster ist es möglich, dass der Mensch bei Verlassen seines Hauses Angst um seine Gesundheit hat. Diese Angst wird als psychologischer externer Effekt bezeichnet.[12]

- <u>Pekuniäre externe Effekte:</u> Der wesentliche Unterschied zu den zuvor genannten Punkten ist das Funktionieren des Marktmechanismus. Das Wort „extern" bedeutet in diesem Zusammenhang die Unbeeinflussbarkeit des Preismechanismus durch einen Dritten. Als Beispiel kann das Steigen der Rohstoffpreise bei Zunahme der Nachfrage genannt werden. Auch das Ausscheiden eines nicht zu effizienten Kosten produzierenden Unternehmens kann als pekuniärer Effekt kategorisiert werden.[13] Es wird bei pekuniären Effekten, im Gegensatz zu den technischen Effekten- ein weitgehend funktionierender Preismechanismus unterstellt.[14,15] In weiterer Folge werden die pekuniären externen Effekte vernachlässigt, da sie kein direktes Versagen des Marktes darstellen.[16]

Bei dem Auftreten technischer Effekte liegt entweder Markt- oder Staatsversagen vor. Auch das Zusammenspiel beider Versagen ist möglich. Die Unterscheidung zwischen Markt- und Staatsversagen ist aber zumeist nicht eindeutig durchführbar und mit Prob-

---

[8] Vgl. Weinreich (2003), S. 158
[9] Vgl. Schulz (2004), S. 65 ff.
[10] Vgl. Einbock (2007), S: 33
[11] Vgl. Donges/Freytag (2004), S. 160
[12] Vgl. Weinreich (2003), S. 158 f.
[13] Vgl. Donges/Freytag (2004), S. 160
[14] Vgl. Weinreich (2003), S. 159
[15] Vgl. Schulz (2004), S. 65 ff.
[16] Vgl. Weinreich (2003), S. 159

lemen behaftet. Um externe Effekte zu internalisieren, wird sowohl ein enges Zusammenspiel als auch der Einsatz beider Institutionen gefordert.[17]

Um die Internalisierung rechtfertigen zu können, müssen allerdings die Gesamtauswirkungen der negativen externen Effekte bekannt sein. Im folgenden Gliederungspunkt wird gezeigt, aus welchem Grund „nicht-internalisierte" negative externe Effekte für die Gesamtwohlfahrt von Nachteil sind.[18]

2.1.2. Gesamtauswirkungen negativer externer Effekte

Durch die zuvor genannten technischen externen Effekte kann es zur exzessiven Nutzung eines Gutes kommen (z.B.: Luft). Dies hat allerdings negative Auswirkungen auf andere Marktteilnehmer. Diese exzessive Nutzung wirkt insgesamt wohlfahrtsmindernd. Um dies zu verhindern, müssen die externen Effekte in die Kostenbetrachtungen des Emittenten mit einbezogen werden.[19] Zur übersichtlicheren Darstellung wird in Abbildung 1 die Sichtweise des Geschädigten näher abgebildet.

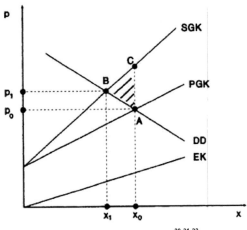

Abbildung 1: Kosten externer Effekte[20],[21],[22]

---

[17] Vgl. Weinreich (2003), S. 159
[18] Vgl. Cezanne (2005), S. 220 ff.
[19] Vgl. Cezanne (2005), S. 220 ff.
[20] Cezanne (2005), S. 230
[21] Vgl. Aberle (2009), S. 577
[22] Vgl. Weinreich (2003), S. 162

Die Gerade DD stellt die Nachfrage der KonsumentInnen nach einem Gut x dar. Bei sinkendem Preis p steigt die Nachfrage. Die Gerade PKG stellt die privaten Grenzkosten dar. Dies sind die Grenzkosten des einzelnen Produzenten. Bei der Produktion fallen allerdings auch externe Kosten EK an. Die gesamten Grenzkosten der Produktion spiegeln die Sozialen Grenzkosten Gerade SGK wieder (PKG+EK). Bei „nicht-Internalisierung" der externen Kosten wird der Produzent sein Gut zum Niveau x_0-p_0, was Punkt A entspricht, anbieten. Dies ist allerdings gesamtwirtschaftlich nicht optimal. Würden die externen Kosten internalisiert, würde das Güterangebot des Produzenten auf ein Niveau von x_1-p_1, was Punkt B entspricht, sinken.[23,24]

Welche Auswirkungen hätte diese Internalisierung auf die Gesamtwohlfahrt? Die Produktionskosten würden in Umfang von x_0CBx_1 steigen. Demgegenüber steht ein Nutzenentgang im Ausmaß von x_0ABx_1. Saldiert man nun die gestiegenen Produktionskosten mit dem Nutzenentgang, erhält man die schraffierte Fläche im Umfang von ABC. Diese Fläche stellt den erzielten gesamten Wohlfahrtsgewinn bei der Internalisierung der externen Kosten dar.[25,26] Es ist daher äußerst wichtig die gesamten Kosten in Form der sozialen Grenzkosten zu ermitteln. Um die dafür notwendigen externen Kosten zu erhalten, müssen allerdings die in Kapitel 2.3 erörterten Grundprobleme beachtet werden.

In allgemeiner Form kann daher folgende Formel für die gesamten Kosten (SGK) formuliert werden:[27,28]

Soziale Grenzkosten= Private Grenzkosten + Externe Kosten
SGK=   PGK   +   EK

Zur Internalisierung negativer externer Effekte liegen verschiedene Instrumente vor. Nachfolgend werden verschiedenen Internalisierungsmöglichkeiten näher analysiert.

---

[23] Vgl. Cezanne (2005), S. 221 f.
[24] Vgl. Lueg (2010), S.77 f.
[25] Vgl. Cezanne (2005), S. 221 f.
[26] Vgl. Lueg (2010), S.77 f.
[27] Vgl. Cezanne (2005), S. 221 f.
[28] Vgl. Lueg (2010), S.77 f.

2.2. Volkswirtschaftliche Ansätze zur Internalisierung externer Effekte

Die Internalisierung negativer externer Effekte ist zumeist mit einigen Hindernissen verbunden. Das größte Problem ist das Fehlen von klaren Besitzrechten. Saubere Luft kennt keinen Besitzer und auch keine Landesgrenzen. Die Benutzung ist daher jedem Individuum freigestellt, deshalb kann es zu einer Überbeanspruchung des öffentlichen Gutes „Luft" kommen. Um diesem Effekt entgegenzuwirken müssen entweder klare Eigentumsrechte geschaffen werden, was bei vielen Gütern mit Problemen behaftet ist, oder das Bewusstsein der am Marktprozess teilnehmenden Individuen im Hinblick auf Nachhaltigkeit sensibilisiert werden.[29]

Werden klare Eigentumsrechte geschaffen, können die negativen externen Effekte durch die im weiteren Verlauf der Arbeit behandelten Instrumente zur Erfassung der externen Kosten internalisiert werden. Findet diese Internalisierung statt, spiegelt der neu entstandene Preis der Benutzung des Gutes die tatsächlichen Kosten wider.[30]

Dies ist auch im Bezug auf die Nachfragefunktion von enormer Wichtigkeit. Unter Annahme einer marktüblichen Nachfrageelastizität sinkt bei steigenden Preisen die Attraktivität der Leistung bzw. des Produktes.[31]

Wie bereits eingangs erwähnt, wurde seitens der Volkswirtschaft sehr früh nach geeigneten Modellen zur Internalisierung externer Effekte gesucht. Nachfolgend werden die relevantesten volkswirtschaftlichen Modelle mit ihren Vor- und Nachteilen analysiert. Alle angesprochenen Modelle haben gemeinsam, dass sie wesentliche Inputs zur weiterführenden Diskussion der nachhaltigen Logistik liefern.

2.2.1. Die Besteuerung nach Pigou

Die ursprüngliche Konzeption von Pigou war für die Internalisierung externer Effekte bei Verkehrsstaus gedacht. Wie sich jedoch im späteren Zeitverlauf herausstellte, kann das Modell auch für weitere Themenbereiche (z.B.: Tabaksteuer) angewendet werden. Kern der Theorie ist es, dem Verursacher der externen Effekte diese anzulasten und

---

[29] Vgl. Stiglitz/Walsh (2010), S. 292
[30] Vgl. Stiglitz/Walsh (2010), S. 293
[31] Vgl. Gawel (2009), S. 55

somit seinen Konsum bzw. die Nutzung des Gutes zu minimieren. Durch die Anlastung der externen Effekte steigen die gesamten Grenzkosten des Produktes, was eine Verschiebung der Kurve zu einem niedrigeren Nachfrageniveau zur Folge hat. Um die Effekte allerdings internalisieren zu können, müssen zuerst die externen Kosten erhoben werden (siehe Kapitel 2.3). Die Einhebung der Kosten obliegt der öffentlichen Hand, die folglich die Allokation der generierten Einnahmen frei wählen kann. Es ist daher wichtig hervorzuheben, dass keine Kompensation der Geschädigten beabsichtigt ist, sondern vielmehr eine Vermeidung des Konsums.[32,33]

Abbildung 2 veranschaulicht die von Pigou angedachte Wirkungsweise. Wird von dem optimalen Niveau A abgewichen und (wie in der Abbildung 2 ausgeführt) ein hoher Grad der Schadensbeseitigung (K') mit Niveau B angestrebt (z.B.: via Einhebung höherer Steuern auf Treibstoff), würden die Grenzkosten der Schadensbeseitigung im Umfang von BD auftreten. Dies würde zu einem Rückgang des Verkehrs im Niveau von CD führen. Die Grenzschadenswirkung (S') würde somit auf den Punkt C absinken.[34]

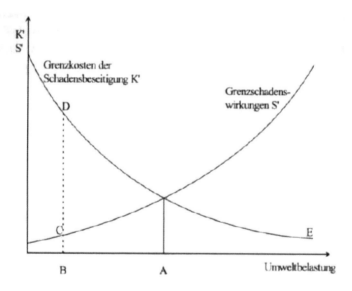

Abbildung 2: Optimaler Schadensvermeidungsumfang[35,36]

---

[32] Vgl. Puls (2009), S. 36 f.
[33] Vgl. Wigger (2006), S. 62 ff.
[34] Vgl. Aberle (2009), S. 578
[35] Aberle (2009), S. 578
[36] Vgl. Kummer (2006), S. 241

Die wesentlichen Kritikpunkte der Theorie betreffen die zu hohe Aggregation und somit die praktische Umsetzungsfähigkeit. Pigou verwendet für sein Modell einen homogenen Verkehrsteilnehmer, der in der Realität nicht existiert. Betrachtet man nur die Interessen von Güterverkehr und Individualverkehr wird die Inhomogenität sichtbar. Weitere wesentliche Kritikpunkte sind die mangelnde Einbezugnahme der entstehenden Kosten für die Erfassung und Umsetzung der Kontrollsysteme und das Informationsdefizit über die Lage der Angebots- und Nachfragefunktion.[37] Die Pigou´sche Steuerlösung ist vor allem als ein didaktisches Informationsinstrument und weniger als eine konkrete Handlungsanweisung anzusehen.[38]

2.2.2. Die Eigentumsrechte nach Coase

Der Ansatz von Pigou wurde zwar als Theorie anerkannt, doch zu praktischen Umsetzungen seitens der Politik ist es nur vergleichsweise selten, unter den oben ausgeführten Bedingungen, gekommen. Dessen war sich auch Coase bewusst und entwickelte ein neues Modell, in dem die verursachergerechte Zuordnung zu Gunsten des Handels zwischen den Akteuren aufgegeben wurde. Es sollte durch Schaffung von Eigentumsrechten ein Marktteilnehmer identifiziert werden, der die externen Kosten zu dem geringsten Preis vermeiden kann. Angenommen, durch Einführung einer Pigou Steuer wird der Schädiger seinen Konsum einschränken und hat dadurch einen Nutzenverlust von 3. Betrachtet man den Geschädigten, so kann es sein, dass die Einstellung lediglich einen Nutzengewinn von 2 für ihn bedeutet. Gesamtwirtschaftlich gesehen würde das einen Nutzenverlust bewirken. Laut der Theorie von Coase würde der Schädiger dem Geschädigten Zahlungen im Umfang von 2 zusagen und daher könnte er weiterhin auf einem für ihn wesentlich besseren Niveau wirtschaften. Der gewonnene Nutzen im Umfang von 1 stellt die bessere Allokation der Externalitäten dar und hebt somit das gesamte Nutzenniveau. Der wesentliche Vorteil ist der direkte Handel zwischen Geschädigtem und Schädiger, er führt folglich zu einem Gleichgewicht.[39,40]

Jedoch hat auch das Theorem von Coase Nachteile. Es muss eine eindeutige Schaffung von Eigentumsrechten gegeben sein. Dies führt zu einem Miteinbezug der öffentlichen Hand. Die dabei entstehenden Transaktionskosten, die bei der Schaffung und

---
[37] Vgl. Puls (2009), S. 39 ff.
[38] Aberle (2009), S. 580
[39] Vgl. Puls (2009), S. 42 ff.
[40] Vgl. Coase (1960), S. 1 ff., von Autor übersetzt

späteren Überwachung der Eigentumsrechte und dem Gewährleisten eines funktionierenden Marktes entstehen, sind zumeist nicht vernachlässigbar.[41]

2.2.3. Sonstige Ansätze

Der am weitesten verbreitete Ansatz zur Minimierung der externen Effekte, sind schlichte Auflagenlösungen. Der große Vorteil liegt in der leichten und schnellen Umsetzung. Als Beispiel eignet sich die Einführung der Sicherheitsgurtpflicht, die mit sehr simplen Mitteln umgesetzt werden konnte. Allerdings muss bei Einführung auch die Kontrolle der neuen Richtlinien in ausreichendem Maß gewährleistet sein, wie am Beispiel der Gurtpflicht durch die Polizei. Der größte Nachteil liegt in den verschiedenen Vermeidungskosten der Marktteilnehmer. Durch Einführung einer neuen Judikatur kann eine ungleiche Verteilung der Ressourcen der am Markt agierenden Unternehmen eintreten. Werden beispielsweise veraltete Lastkraftwägen verboten, trifft dies vermutlich einen regional tätigen Frächter schwerer als einen global agierenden Konzern.[42,43]

2.3. Von externen Effekten zu externen Kosten

Nachdem zu Beginn bereits der Begriff der externen Effekte näher definiert wurde, wird nun auf die Zuordnung eines Mengen- bzw. Kostengerüstes abgezielt. Ist den externen Effekten ein solches Gerüst zuordenbar, kann von externen Kosten gesprochen werden.[44]

Bei Internalisierungsversuchen muss trotz aller guten Absichten die Rationalität bewahrt bleiben. Es gilt den optimalen Schadensvermeidungsumfang zu definieren. Dieser Schadensvermeidungsumfang ergibt sich aus den Grenzkosten der Schadensbeseitigung (z.B.: Schadstoffreduktion) und der Grenzschadenswirkung (z.B.: Unbewohnbarkeit einzelner Regionen).[45]

---

[41] Vgl. Puls (2009), S. 44 f.
[42] Vgl. Puls (2009), S. 45 ff.
[43] Vgl. Kummer (2006), S. 237 f.
[44] Vgl. Weinreich (2003), S. 154
[45] Vgl. Aberle (2009), S. 578

Um dieses theoretische Wissen in die Praxis umzusetzen, müssen die einzelnen Variablen mess- und bewertbar sein. Hierbei treten allerdings die nachfolgend erörterten Probleme auf.

2.3.1. Problem der Quantifizierung externer Kosten

Ein Hauptproblem der Quantifizierung externer Kosten ist die Analyse der Wirkungszusammenhänge. Das Zusammenspiel aus einzelnen Emittenten und verschiedenen Schadstoffen muss bestmöglich analysiert werden. Ein weiteres Problem stellt die Wirkung von Schadstoffen über die einzelnen Landesgrenzen hinaus dar. Es erfordert ein Zusammenspiel von öffentlicher Hand, Wirtschaft und Wissenschaft, um die Quantifizierung der externen Kosten voranzutreiben.[46]

Um eine Übersicht über die Problematik zu erhalten, wird nur ein Teilbereich der Logistik zur Erklärung herangezogen: Die externen Umweltkosten bei Transporten. Die wesentlich auftretenden Probleme bei Erfassung eines Mengengerüstes sind:

- Schätzung der gesamten zurückgelegten Transportkilometer
- Einschätzung der benötigten Treibstoffmengen
- Ständige Veränderung der Emissionsfaktoren: Änderungen der Technologie und des Modalsplits
- Faktoren, die sich einer Mengenerfassung entziehen: Beispielsweise ist die Wirkung von Verkehrsbauwerken nicht messbar
- Welche Menge an Emissionen ist schädlich[47]

Die Komplexität dieses Zusammenspiels verschiedenster Faktoren in der Transportwirtschaft ist enorm.[48] Können die anhand der Transportwirtschaft beispielhaft gezeigten Probleme überwunden werden und ein für die Umwelt verträgliches Mengen- bzw. Grenzwertgerüst identifiziert werden, ist es notwendig, eine Bewertung der Mengengerüste vorzunehmen und somit die Kosten zu internalisieren. Die dabei entstehenden Komplikationen werden im nächsten Gliederungspunkt erörtert.

---

[46] Vgl. Aberle (2009), S. 612 ff.
[47] Vgl. Aberle (2009), S. 613 f.
[48] Vgl. Kummer (2006), S. 234

2.3.2. Problem der Monetarisierung externer Kosten

Bei der Bewertung in monetären Größen ist vor allem die Frage der Kostenanlastung zu diskutieren. Nach Quantifizierung der Mengenkomponente erfolgt die Multiplikation mit der Wertkomponente.[49] Durch die bereits im vorigen Gliederungspunkt angesprochene Komplexität der Mengenbewertung kommt es auch bei der Monetarisierung zu Problemen. Es existieren mehrere Ansätze zur monetären Bewertung:

- Ansetzen von Marktpreisen: Die Bewertung erfolgt anhand der Berechnung der bisher entstandenen externen Kosten und der zukünftig noch entstehenden Kosten.[50] Es werden zwei wesentliche Nachteile identifiziert. Einerseits wurde bisher nur ein Teil der Emittenten mit den Kosten belastet, andererseits ist die Bewertung sehr komplex und es gibt keine Garantie, ob die richtigen Kosten eruiert wurden.[51]

- Befragung der Zahlungs- und Entschädigungsbereitschaft: Bei Abfrage der Zahlungsbereitschaft wird das geschädigte Subjekt nach seiner Zahlungsbereitschaft für ein bestimmtes, verbessertes Umweltniveau befragt. Beim Ansatz der Entschädigungsbereitschaft wird die direkte Entschädigungsforderung des Geschädigten gegenüber dem Schädiger abgefragt.[52] Die persönliche Komponente der Befragung bildet bei beiden Ansätzen den wesentlichen Nachteil. Es kann zu enormen Verfälschungen durch strategisches Verhalten und Informationsdefiziten kommen.[53]

- Schadkostenansatz: Dieser Ansatz geht von einer eindeutigen Zurechenbarkeit der entstehenden Schäden auf einen Emittenten aus. Da allerdings in den meisten Fällen eine komplexere kausale Beziehung vorliegt, stößt dieses Verfahren sehr bald an seine Grenzen.[54,55] Als Beispiel kann das immer größer werdende Ozonloch, das viele Einflussfaktoren aufweist, genannt werden.

- Vermeidungskostenansatz: Als Grundlage werden die Kosten der Vermeidung der Externalität herangezogen, wie etwa der Einbau von Lärmschutzfenstern.[56] Im Wesentlichen beruht dieses Prinzip auf der Vorgabe von Umweltstandards.[57]

---

[49] Vgl. Prammer (2009), S. 148
[50] Vgl. Prammer (2009), S. 148
[51] Vgl. Aberle (2009), S. 617
[52] Vgl. Aberle (2009), S. 615 f.
[53] Vgl. Prammer (2009), S. 143
[54] Vgl. Aberle (2009), S. 614
[55] Vgl. Weinreich (2003), S. 165 ff.
[56] Vgl. Aberle (2009), S. 614 f.
[57] Vgl. Weinreich (2003), S. 170

Wie bereits in Kapitel 2.2.1. gezeigt, ist es bei der Vorgabe von Standards allerdings wichtig den optimalen Schadensvermeidungsumfang zu kennen, um den optimalen Grenzwert zu definieren.

Obwohl eine exakte monetäre Bewertung der externen Kosten zum jetzigen Zeitpunkt nur unter Unsicherheit getroffen werden kann, ist es von enormer Wichtigkeit diese umzusetzen. Der Faktor Umwelt wird erst mit der voranschreitenden Monetarisierung von den Wirtschaftsobjekten in ausreichender Form berücksichtigt.[58]

In den bisherigen Kapiteln wurde eine Wissensgrundlage über die externen Effekte geschaffen. Mit der abschließenden Monetarisierung wurden den Effekten Kosten zugewiesen. Dies ist für die weiterführende Analyse der externen Kosten der Logistik notwendig. In den folgenden Kapiteln soll mit dem nun definierten Kostenbegriff näher auf ökonomische Nachhaltigkeit in der Logistik eingegangen werden.

3. Nachhaltigkeit in der Logistik

Durch die rasant wachsende Globalisierung und somit komplexer werdenden Logistiksysteme, tritt in den letzten Jahren immer mehr die Notwendigkeit nachhaltige logistische Abläufe zu implementieren in den Vordergrund. Nachhaltige Logistik umfasst alle Bereiche eines Unternehmens, beginnend bei Produktdesign über den Zukauf der Artikel, die anschließend unter nachhaltigen Bedingungen verarbeitet werden sollen, bis hin zur Distribution zu den Endkonsumenten. Nach abgelaufener Nutzungsdauer zeigt sich sehr oft, ob in den zuvor angeführten Bereichen Nachhaltigkeit eine zentrale Rolle einnahm. Denn nun muss das Produkt auf möglichst effiziente Weise wiederverwertet werden, um den in weiterer Folge definierten Nachhaltigkeitsaspekt zu erfüllen.[59]

---

[58] Vgl. Prammer (2009), S. 150
[59] Vgl. Winkler/Kaluza/Schemitsch (2006), S. 23 ff., von Autor übersetzt

3.1. Begriffsdefinitionen

Um über eine gemeinsame Wissensbasis zu verfügen, wird in den folgenden drei Gliederungspunkten zuerst der Begriff der Nachhaltigkeit näher definiert. Darauf folgt eine Erörterung des Begriffes Logistik. Beide Begriffe haben gemeinsam, dass sie aus mehreren sich nicht gegenseitig ausschließenden Dimensionen bestehen. Durch das Aufzeigen der verschiedenen Dimensionen soll die Komplexität des Zusammenspiels mehrerer Teilbereiche aufgezeigt werden. Abschließend wird die Wissensbasis kombiniert und der Begriff der nachhaltigen Logistik definiert.

3.1.1. Nachhaltigkeit und ihre Dimensionen

Der Begriff der Nachhaltigkeit wird in dieser Arbeit zuerst weitläufig mithilfe der Brundtland Studie definiert. Die Kernaussage hierbei lautet: Wird nachhaltig gewirtschaftet, führt der Einsatz der gegebenen Ressourcen zu keiner Beeinträchtigung zukünftiger Generationen. Die gegebenen Ressourcen umfassen nicht nur natürliche Vorräte wie z.B. Erdöl, sondern auch den derzeitigen Entwicklungsstand einer Gesellschaft. Die Studie wurde 1987 verfasst und spricht alle Teilnehmer, die am wirtschaftlichen Austausch teilnehmen, an. Durch die umfangreiche Definition, die in der Studie getroffen wurde, wird die enorme Breite des Begriffes Nachhaltigkeit sehr gut hervorgehoben.[60,61]

Von der Grundaussage der Brundtland Studie kann der Begriff der Nachhaltigkeit weiter differenziert werden. Es können drei Bereiche nachhaltigen Wirtschaftens definiert werden:[62,63,64]

- <u>Ökologische Nachhaltigkeit</u>: Der Begriff verweist auf die Erhaltung unserer gegebenen Umwelt und somit unserer Lebensgrundlage.[65] Weiters deckt der Begriff auch den Bereich der ökologischen Effektivität ab. Dieser verweist auf ei-

---
[60] Vgl. World Commission on Environment and Development (1987), http://www.un-documents.net , von Autor übersetzt
[61] Vgl. Burschel/Losen/Wiendl (2004), S. 15
[62] Vgl. Wildmann (2007), S. 113 f.
[63] Vgl. Burschel/Losen/Wiendl (2004), S. 20 ff.
[64] Vgl. Langer (2011), S. 22 ff.
[65] Vgl. Burschel/Losen/Wiendl (2004), S. 23

nen umweltverträglichen und effizienten Einsatz der gegebenen natürlichen Ressourcen.[66]

- Ökonomische Nachhaltigkeit: Der Umgang mit dem vorhandenen Kapital stellt den Kern der ökonomischen Nachhaltigkeit dar. Das vorhandene Kapital darf nur in eingeschränktem Umfang eingesetzt werden. Zukünftiger realer Konsum darf durch den aktuellen Kapitaleinsatz nicht eingeschränkt werden.[67,68]

- Soziale Nachhaltigkeit: Unter dem Begriff wird die Wahrung der Entwicklungsmöglichkeiten des einzelnen Menschen verstanden. Desweiteren wird die Wahrung der Gesundheit und der Zugang zu Wissen als soziale Nachhaltigkeit definiert. Die Selbstachtung des Menschen sollte von eben diesen nie in Frage gestellt werden.[69,70]

Ausgehend von diesen Definitionen ist eine breite Basis für die weiterführende Diskussion von Nachhaltigkeit gelegt.

Anzumerken ist in diesem Zusammenhang der oft verwendete Begriff der grünen Logistik. Wird von grüner Logistik gesprochen, werden nicht alle drei angeführten Teilbereiche der Nachhaltigkeit berücksichtigt. Es erfolgt zumeist eine Konzentration auf die ökonomische und ökologische Nachhaltigkeit. Da diese Betrachtungsweise für die weitere Diskussion zu kurz greift, wird der Begriff der „grünen Logistik" in den weiteren Betrachtungen vernachlässigt.[71]

3.1.2. Logistik und ihre Dimensionen

Die Ursprünge der Logistik liegen im Militärbereich. Logistik wurde dort als Grundbegriff aller Tätigkeiten, die der Versorgung der Streitkräfte dienten, verwendet. Im Zeit-

---

[66] Vgl. Langer (2011), S. 23 f.
[67] Vgl. Burschel/Losen/Wiendl (2004), S. 23
[68] Vgl. Hauff/Kleine (2009), S. 18 ff.
[69] Vgl. Langer (2011), S. 25 ff.
[70] Vgl. Hauff/Kleine (2009), S. 20 f.
[71] Vgl. Bretzke/Barkawi (2010), S. 245

ablauf hat sich die Logistik weit über den Militärbereich hinaus entwickelt. Als wesentlicher Treiber der Entwicklung kann die AutomotivIndustrie genannt werden.[72,73]

Es gibt eine Vielzahl verschiedener Definitionen für Logistik.[74,75] Für die weitere Betrachtung wird hier die lebenszyklusorientierte Definition von Pfohl gewählt.[76] Der Begriff baut auf der Betrachtung des Lebenszyklus eines Produktes auf. Es können die Initiierungs-, Planungs-, Realisierungs-, Betriebs- und Stilllegungsphase unterschieden werden. Die Aufgabe der Logistik ist die Unterstützung jeder dieser einzelnen Phasen. Die Phasen beinhalten wiederum einzelne verschiedene engere Aufgabenbereiche, wie beispielsweise Warenannahme, Kommissionierung und Transport.[77]

Diese auf alle Dimensionen des Produktlebenszyklus bezogene Definition ermöglicht es uns im weiteren Verlauf die Wirkung und das Entstehen externer Kosten in der Logistik ganzheitlich zu betrachten.

Der Produktlebenszyklus wird mit Hilfe der einzelnen logistischen Teilbereiche durchlaufen. Unsere weitere Betrachtung wird vor allem auf die Analyse der Teilbereiche Transport- und Entsorgungslogistik spezialisiert sein.

3.1.3. Nachhaltige Logistik

Kombiniert man nun unsere beiden Definitionen, ist es möglich, einen Bezugsrahmen für den Begriff der nachhaltigen Logistik zu formulieren:

Werden bei strategischen, taktischen und operativen Entscheidungen sowohl der gesamte Produktlebenszyklus, als auch die drei Dimensionen der Nachhaltigkeit als Entscheidungsgrundlage verwendet, kann von nachhaltiger Logistik gesprochen werden.[78]

---

[72] Vgl. Pfohl (2004), S. 3 f.
[73] Vgl. Arnold et al (2008), S. 3
[74] Vgl. Pfohl (2010), S. 12
[75] Vgl. Arnold et al (2008), S. 3
[76] Vgl. Pfohl (2010), S. 13
[77] Vgl. Ffohl (2010), S. 13
[78] Eigene Definition: Aufbauend auf Kapitel 3.1.1 und 3.1.2.

3.2. Gründe für die Internalisierung externer Kosten in der Logistik

In engerer Einbeziehung externer Kosten kann Nachhaltigkeit auch wie folgt definiert werden: Ein ökonomisches System ist nur dann nachhaltig, wenn es unter Einbeziehung der externen Kosten wirtschaftlich betrieben werden kann.[79]

Diese Definition stellt auch den Grund für die Notwendigkeit der Internalisierung der externen Kosten im Logistikbereich dar. Nur bei verursachungsgerechten Einbezug der externen Kosten kann das Erreichen des Ziels der Nachhaltigkeit gemessen werden.

Bei Betrachtung der der Logistik zurechenbaren Emissionen, wird die Notwendigkeit der Internalisierung der externen Kosten noch deutlicher. Insgesamt 30% der in OECD Ländern emittierten Schadstoffe sind dem Transportsektor zurechenbar. Ein alleiniges Ansetzen am Transportsektor ist natürlich für das Gesamtziel der Nachhaltigkeit nicht ausreichend. Allerdings sind gerade in diesem Sektor enorme Einsparungspotentiale vorhanden. Desweiteren muss in Anbetracht des steigenden Wohlstandes und der damit gekoppelten steigenden Nachfrage nach Gütern und Mobilität mit einer weiteren Zunahme der Schadstoffemissionen gerechnet werden.[80,81]

Da die Gründe und Notwendigkeiten ausgeführt wurden, sollte nun deutlich erkennbar sein, dass kein Weg an der Internalisierung der Kosten vorbei führt, um das Ziel der Nachhaltigkeit zu erreichen. Doch wie in allen unseren Lebensbereichen stehen eigenen Interessen Gegeninteressen gegenüber. Dies führt uns zur Analyse der beteiligten Stakeholder und zur Identifikation der Ziele, die sie verfolgen.

3.3. Beteiligte Stakeholder und deren Interessenskonflikte

Für die Betrachtung unserer Stakeholdergruppen ist es hilfreich, die eingangs zum Kapitel definierte Sichtweise des geschlossenen Produktlebenszyklus anzuwenden. In den verschiedenen Stadien des Produktlebenszyklus treten verschiedene Interessenskonflikte auf. Die Stakeholder können im Ablauf des Produktlebenszyklus wesentliche Einflüsse auf die jeweils anderen Stakeholder ausüben. Stakeholder können somit nicht isoliert handeln und müssen auf die Bedürfnisse und Forderungen ihres Umfeldes

---

[79] Vgl. Bretzke/Barkawi (2010), S. 17
[80] Vgl. OECD (2008), S. 1 ff., von Autor übersetzt
[81] Vgl. Aberle (2009), S. 28 f.

achten.[82] Beim Bestreben externe Kosten in der Logistik zu internalisieren, können folgende Interessensgruppen identifiziert werden:[83]

- <u>Unternehmen</u>: Das Unternehmen selbst verfolgt das Ziel der Rentabilität und der Unternehmenswertmaximierung.[84] Ein über den gesetzlichen Umweltschutz hinausgehendes betriebliches Umweltschutzprogramm steht demnach im Zielkonflikt mit den zuvor genannten Zielen. Dies ist allerdings oftmals ein Irrglaube, denn die Implementierung von Umweltschutzmaßnahmen kann Unternehmenswert schaffen.[85] Die Austauschbeziehungen mit anderen Stakeholdern sind vor allem durch Sanktionsmöglichkeiten geprägt. Beispielsweise können Konsumenten bei Nichtachtung der geltenden Normen vom Kauf der Produkte absehen.[86]

- <u>Öffentliche Hand</u>: Werden bei der Entscheidungsfindung von Stakeholdern ökologische Aspekte nicht ausreichend beachtet, stellt dies eine Legitimierung der öffentlichen Hand dar. Die Eingriffsmöglichkeiten umfassen dabei ordnungspolitisch nicht fiskale Maßnahmen (z.B.: Auflagen, Mindeststandards,..). Andererseits sind auch ordnungspolitisch fiskale Maßnahmen denkbar (z.B.: Einhebung von Steuern, Vergabe von Subventionen).[87] Eine genauere Übersicht über die Einflussmöglichkeiten der öffentlichen Hand wird in Kapitel vier gegeben.

- <u>Kunden</u>: Das Ziel eines erfolgreichen Unternehmens ist es, mit seinen angebotenen Produkten die Wünsche der Kunden zu befriedigen. Dies verdeutlicht die Macht, die von der Stakeholdergruppe der Kunden ausgeht. Wird ein ausreichender Impuls der Kunden in Richtung erhöhter Nachhaltigkeit gegeben, so wird sich die Ausgestaltung des Produktlebenszyklus an den Kundenwünschen orientieren. Auf den Kunden selbst wirken ebenfalls verschiedene Einflüsse. Auf diese Weise kann seitens der öffentlichen Hand Einfluss in Bezug auf die

---

[82] Vgl. Günther (2008), S. 94 ff.
[83] In Anlehnung an: Günther (2008), S. 96 ff.
[84] Vgl. Töpfer (2007), S. 103 ff.
[85] Vgl. Burschel/Losen/Wiendl (2004), S. 313 ff.
[86] Vgl. Hahn (2005), S. 135
[87] Vgl. Günther (2008), S. 103 f.

Einstellung zur Umwelt gegeben werden.[88,89] Als Beispiel kann ein auf Umwelt abgestimmter Schulunterricht genannt werden.

- Lieferanten: Lieferanten ermöglichen durch die Lieferung verschiedener Inputfaktoren wie Rohstoffen, Maschinen und Dienstleistungen die Produktion von Endprodukten. Wird eine Internalisierung externer Kosten angestrebt, ist es wichtig auch die Lieferanten für das gemeinsame Ziel zu gewinnen. Eine Möglichkeit dazu bietet eine Lieferantenbewertung. Darf ein Lieferant nur bei Erfüllung eines gewissen Mindeststandards Güter liefern, so wird dieser auf eine Berücksichtigung der Auflagen achten. Die Lieferanten trachten natürlich (wie das Unternehmen selbst) nach einem ökonomischen Betrieb der eigenen Anlagen, was wiederum einen Interessenskonflikt bewirken kann.[90,91]

- Mitbewerber: In den letzten Jahren hat sich ein deutlicher Trend in Richtung Marktöffnung abgezeichnet. Ein reines Monopolwesen ist zumeist nicht mehr anzutreffen.[92] Der Markt ist ein globaler geworden.[93] Wird nun seitens eines einzelnen Unternehmens oder Staates ein Vorstoß in Richtung nachhaltiger Logistik gewagt, kann dies verschiedenste Einflüsse auf die Mitbewerber haben. Es kann das Absatzpotential gemindert oder vergrößert werden. Eine genaue Beobachtung der aktuellen Marktgegebenheiten ist daher unumgänglich.[94]

- Mitarbeiter: Eine nachhaltige Orientierung des Unternehmens lässt sich nur unter Mithilfe aller Mitarbeiter realisieren. Um dies zu erreichen, müssen die Interessen der Mitarbeiter gewahrt werden.[95] Zentrale Interessen der Stakeholdergruppe Mitarbeiter sind Gehalt, soziale Sicherheit, sichere Arbeitsbedingungen, eine sinnvolle Tätigkeit und der Fortbestand des Unternehmens.[96] Bei dem

---

[88] Vgl. Günther (2008), S. 135 ff.
[89] Vgl. Töpfer (2007), S. 181 ff.
[90] Vgl. Günther (2008), S. 140 ff.
[91] Vgl. Töpfer (2007), S. 169 ff.
[92] Vgl. Günther (2008), S. 152
[93] Vgl. Kummer/Schramm/Sudy (2009), S. 20 ff.
[94] Vgl. Töpfer (2007), S. 204 ff.
[95] Vgl. Günther (2008), S. 160
[96] Vgl. Töpfer (2007), S. 131 ff.

Versuch externe Kosten der Logistik zu internalisieren muss auf diese Bedürfnisse geachtet werden, um die nachhaltige Orientierung durchzusetzen.

- **Anteilseigner und Kreditgeber**: Das wesentliche Ziel dieser Stakeholdergruppe ist die Vermehrung des investierten Kapitals durch Rückzahlung der eventuell vertraglich vereinbarten Rendite. Dies ist nur bei erfolgreichem Fortbestand des Unternehmens gesichert.[97,98] Bei der Berücksichtigung externer Kosten muss daher die Fähigkeit der Rückzahlung weiterhin bestehen, ansonsten kann es zu Liquiditätsproblemen des Unternehmens kommen. Natürlich kann auch von den Kreditgebern und Anteilseignern ein wesentlicher Impuls zur Internalisierung externer Kosten in der Logistik ausgehen. Einen Vorstoß in diese Richtung stellen die Equator-Principles dar. In ihnen haben Banken freiwillige Richtlinien formuliert, die in Bezug auf Umweltfragen bei Kreditvergabe beachtet werden sollen.[99,100]

Die hier nur kurz ausgeführten, wesentlichen Interessen der Stakeholdergruppen bilden natürlich bei weitem nicht die volle Komplexität ab. Es sollte allerdings für eine weiterführende Diskussion ein ausreichender Überblick geschaffen sein.

3.4. Zielkonflikte bei der Internalisierung externer Kosten im Logistiksektor

Betrachtet man die Logistik ohne die Notwendigkeit zur Internalisierung, so ist sie bereits mit vielen Zielkonflikten konfrontiert. Der wohl nennenswerteste klassische Konflikt ist derjenige zwischen Service und Kosten.[101] Wird nun zusätzlich noch die Internalisierung der externen Kosten gefordert, steigt die Komplexität noch einmal um ein vielfaches. Es tritt der Konflikt zwischen Ökonomie und Ökologie in den Vordergrund.[102]

---

[97] Vgl. Töpfer (2007), S. 162 ff.
[98] Vgl. Günther (2008), S. 160 ff.
[99] Vgl. Günther (2008), S. 163 f.
[100] Interessant dazu: http://www.equator-principles.com
[101] Vgl. Bretzke (2010), S 115 ff.
[102] Vgl. Bretzke/Barkawi (2010), S. 246 ff.

Ausschnittsweise werden zusätzliche Zielkonflikte, die sich bei der Internalisierung ergeben, nachfolgend kurz aufgezählt und analysiert.

3.4.1. Wettbewerbsfähigkeit

In früheren Jahren konnten sich auch Volkswirtschaften, die zu nicht konkurrenzfähigen Preisen ihre Produkte produzierten, ihre Abnehmer finden. Dies war allerdings nur durch unvollständige Märkte und protektionistische Maßnahmen möglich.[103] Im Zeitverlauf hat sich dieses Bild stark gewandelt: Einerseits ist der Protektionismus durch fortschreitende Liberalisierung auf ein vergleichsweise niedrigeres Niveau gesunken, andererseits sind die Kunden einer Unternehmung sehr viel globaler geworden. Dies wurde wesentlich durch die Fortentwicklungen der Logistik forciert.[104] Durch die Globalisierung ist es auch üblich geworden, Produktionsstandorte innerhalb kurzer Zeit zu den vorherrschenden günstigsten Produktionsfaktoren zu verlagern.[105] Möge man im ersten Moment noch glauben, dass dies von Vorteil für den Endkonsumenten sei, da er nach Verlagerung ein günstigeres Produkt erwerben kann, so ist das nur die halbe Wahrheit. Die Verlagerungsentscheidungen kennen viele Einflüsse: Ein viel diskutierter Einfluss sind die billigeren Lohnkosten. Doch auch die Internalisierung externer Kosten können ein Unternehmen zum Abwandern animieren.[106] Angenommen, ein Land entschließt sich Kohlenstoffdioxid (CO^2) Zertifikate zu verkaufen. Das Unternehmen, das im globalen Wettbewerb steht, hat zwei Möglichkeiten: Entweder es findet neue Einsparungspotentiale, oder es siedelt ab, um die Wettbewerbsfähigkeit zu wahren. Dieses Beispiel zeigt sehr schön die große Verantwortung seitens der Politik: Nur ein gemeinsames Vorgehen kann nachhaltig sein. Alleingänge einzelner Länder können zu großen Problemen führen.

Betrachten wir ein Unternehmen im Speziellen und nicht gesamte Volkswirtschaften, können wir dasselbe Problem identifizieren. Ein alleiniger Vorstoß zur Internalisierung externer Kosten kann nur effizient sein, wenn die Kunden bereit sind das teurere Produkt zu kaufen.[107] Es ist wichtig zu erwähnen, dass ein Nischenprodukt natürlich durchaus seine Abnehmer finden wird, die bereit sind für ein nachhaltigeres Produkt mehr zu zahlen. Spricht man jedoch von einem global agierenden Großunternehmen,

---

[103] Vgl. Guida (2007), S. 81 f.
[104] Vgl. Kummer/Schramm/Sudy (2009), S. 24
[105] Vgl. Kummer/Schramm/Sudy (2009), S. 44
[106] Vgl. Bretzke/Barkawi (2010), S. 249
[107] Vgl. Bretzke/Barkawi (2010), S. 248 f.

wird es sich als schwierig erweisen die externen Kosten im Alleingang ohne Gewinneinbußen zu internalisieren.

3.4.2. Technische Umsetzungsprobleme

Die Forderung nach nachhaltigen Unternehmen ist unüberhörbar. Auch während der Wirtschaftskrise zwischen 2008 und 2010 konnte seitens der Unternehmen ein ungebrochener Trend in Richtung erhöhter Nachhaltigkeit festgestellt werden. Als Beispiel kann Wal Mart genannt werden, die intensive Bemühungen in eine flächendeckende Kennzeichnung von Produkten mit Carbon Footprints forcieren.[108,109] Natürlich benötigt Nachhaltigkeit Innovationen und Lösungen, doch manchmal stoßen diese Bemühungen auf technische Umsetzungsprobleme.

Durch die Forderung nach Lösungen steigt auch die Motivation der Unternehmen in diese Richtungen Forschung zu forcieren und viel mehr noch Investitionen zu tätigen. Leider ist so manche Lösung nur theoretischer Natur, da die Umsetzung oft an technische Grenzen stößt. Einige prominente Beispiele wie das mit rein elektronischem Antrieb ausgestattete Fahrzeug und das sichere Atomkraftwerk, sind zurzeit häufig diskutierte Themen.[110] Im Bereich der Logistik stößt die verursachergerechte Erfassung der Emissionen, sowie die Recyclingfähigkeit vieler Produkte an seine Grenzen.[111]

3.4.3. Unvollständige Information

Die Beachtung nachhaltiger Umweltaspekte ist stark gekoppelt mit dem Zugang zu Information. Information ist zumeist nicht ohne Kosten verfügbar. Selbst wenn Information frei zugänglich ist, müssen die Personalkosten beachtet werden. Wurden die Probleme der Informationsbeschaffung überwunden, muss die Information weitergegeben werden. Diese Weitergabe ist wie jede Art der Übertragung mit Verlusten, die wieder Kosten verursachen, verbunden. Zusätzlich ist durch lediglich Vorhandensein an Informationen noch nicht geklärt, welches Wissen relevant ist, und eine konkrete Ver-

---

[108] Vgl. o. V. (2010b), http://www.handelsblatt.com
[109] Vgl. Bretzke/Barkawi (2010), S. 253
[110] Vgl. o. V. (2011a), http://www.zeit.de
[111] Vgl. Sterr (2003), S. 161 ff.

änderung des aktuellen Zustandes wurde noch nicht bewirkt.[112] Das Prinzipal-Agent Modell stellt ein weiteres Beispiel unvollständiger Information dar. Der Prinzipal hat nur eingeschränkte Information und muss sich auf die Informationen seines Agenten verlassen.[113,114] Als Beispiel kann der Zukauf von Vorleistungen genannt werden. Eine vollständige Information über den Produktionsprozess und seiner externen Kosten bedarf der Information des Zulieferers, der als Agent über einen Wissensvorsprung verfügt. Vollständige Information ist somit schwierig zu erlangen. Eine Verbesserung des aktuellen Wissensstandes ist mit zielgerichtetem Arbeitseinsatz allerdings durchaus realisierbar.

3.4.4. Organisationelle Probleme

Wurden die zuvor genannten Zielkonflikte überwunden, muss abschließend noch die Organisation selbst die neue nachhaltige Technologie bzw. Philosophie tragen. Dies kann allerdings an den bereits vorhandenen Organisationsstrukturen scheitern.[115] Die Akteure einer Organisation handeln jeweils individuell nutzenmaximierend. Dies bedeutet, dass das Verhalten der Akteure nicht unbedingt mit den neuen von höheren Instanzen vorgegebenen Zielen der Organisation, übereinstimmt. Dies kann im schlimmsten Fall zur vollständigen Missachtung der Ziele führen.[116] Um eine bestmögliche Umsetzung seitens der Akteure anzuregen ist es zielführend, auf das Verantwortungs- und Kooperationsprinzip in Verbindung mit Motivatoren zurückzugreifen.[117] Möglichkeiten für Motivatoren stellen beispielsweise finanzielle Anreize oder die Vorgabe individueller Zielvereinbarungen dar.[118] In Kapitel fünf werden wir uns näher mit betrieblichem Umweltcontrolling beschäftigen, das als Kontrollinstanz für die Messung der Zielerreichung bezeichnet werden kann. Die Umsetzung einer Kontrollinstanz kann bei der Zielerreichung zwar äußerst hilfreich sein, der Akteur muss jedoch wie bereits ausgeführt, selbst in die Unternehmensziele eingebunden werden.

Die notwendigen Impulse, der technische Fortschritt und viel mehr noch, das in den vorigen Punkten diskutierte nachhaltige Wirtschaften im Logistiksektor, bedürfen einer

---

[112] Vgl. Prammer (2010), S. 294
[113] Vgl. Bretzke/Barkawi (2010), S. 9 f.
[114] Vgl. Arnold et al. (2008), S. 976
[115] Vgl. Winkler/Kaluza/Schemitsch (2006), S. 8, von Autor übersetzt
[116] Vgl. Scherm/Pietsch (2007), S. 84 f.
[117] Vgl. Burschel/Losen/Wiendl (2004), S. 218
[118] Vgl. Scherm/Pietsch (2007), S. 136 ff.

grundlegenden rahmen- und anreizgebenden Institution;[119] namentlich der öffentlichen Hand. Aus diesem Grund werden im nächsten Hauptkapitel Ansätze und mögliche Interventionsmöglichkeiten der öffentlichen Hand analysiert und diskutiert.

---

[119] Vgl. Wiesmeth (2003), S. 69 f.

4. Ansätze zur Internalisierung externer Kosten seitens der öffentlichen Hand

Durch die umfangreichen Einflussmöglichkeiten der öffentlichen Hand und nicht zuletzt der Legitimierung durch die Staatsbürger, ist es möglich, weitreichende, umweltpolitische Vorstöße anzudenken und viel mehr noch diese umzusetzen. Die Umsetzung kann ausgehend von verschiedenen Ebenen erfolgen: Beginnend bei der niedrigsten, der Stadtregierungen, bis zu einer gemeinsamen Entscheidung mehrerer Länder.[120] Die Möglichkeiten, die zur Verfügung stehen, sind weitreichend. Sehr oft genügt schon ein Impuls, wie zum Beispiel das Fördern der Forschung. Auch das Modifizieren von öffentlichen Ausschreibungen zur Anschaffung von Gütern bzw. zur Schaffung von Infrastruktur, kann als Anstoß auf den Weg zu mehr Nachhaltigkeit dienen. Vor allem in Bezug auf Ausschreibungen kann von öffentlicher Seite ein enormer Impuls ausgehen. Werden nur Unternehmen bei Ausschreibungen berücksichtigt, die nachhaltig wirtschaften, kann von Marktseite mit Reaktionen gerechnet werden. In Zeiten wachsender Konkurrenz kann es sich kein Unternehmen leisten auf einen wichtigen Auftraggeber zu verzichten. Die Wichtigkeit der öffentlichen Hand spiegelt sich in der Staatsausgabenquote von 52,3 %, gemessen am gesamten BIP Österreichs im Jahr 2009, wider.[121]

In weiterer Folge wird sich das Kapitel 4 anfangs mit dem Instanzenzug der öffentlichen Hand befassen. Darauf aufbauend wird auf Ansätze zur Internalisierung externer Kosten bei Infrastrukturschaffung und Nutzung durch den Transportsektor eingegangen. Im weiteren Verlauf werden eine Ebene höher Ansätze der Logistik, die von öffentlicher Hand beeinflusst werden, analysiert. Abschließend wird ein Ausblick auf zukünftige Entwicklungen, die uns von öffentlicher Seite erwarten werden, gegeben.

---

[120] Vgl. Burschel/Losen/Wiendl (2004), S.77 ff.
[121] Vgl. Statistik Austria (2010), S. 96

4.1. Instanzenzug und Instrumente der öffentlichen Hand

In weiterer Folge dieser Arbeit wird noch desöfteren der Begriff der öffentlichen Hand seine Anwendung finden. Im Zuge dieses Kapitels wird dieser Begriff näher definiert. Es wird eine Übersicht, über die für unsere Betrachtung relevanten, europäischen und österreichischen rechtschaffenden Ebenen gegeben. Weiters werden in übersichtlicher Weise die einzelnen Instanzenzüge analysiert.

Europäische Union:[122] Die erste umweltpolitische Erklärung der Europäischen Union wurde bereits 1972 verabschiedet.[123] Seit diesem Zeitpunkt ist die Europäische Union von ursprünglich sechs auf mittlerweile 27 Mitgliedsstaaten angewachsen.[124] Dies bedeutet, dass sie in Bezug auf Größe und Einflussvermögen enorm gestärkt wurde. Im Detail verfügt die Europäische Union über fünf Instrumente zur juristischen Durchsetzung bzw. Information:[125]

- Die Verordnung (VO): Ist in jedem Mitgliedsstaat unmittelbar verbindlich. Die Verordnung gilt daher für jeden.[126,127]
- Die Richtlinie (RL): Ist für jeden Mitgliedsstaat verbindlich. Es wird allerdings den Mitgliedsstaaten überlassen, in welcher Form die Richtlinie in das nationale Recht übernommen wird.[128,129]
- Die Entscheidung: Wird ebenfalls unmittelbar gültig. Zumeist nur für einen Themenbereich bzw. eine Personengruppe oder Unternehmung.[130,131]
- Die Empfehlung: Besitzt keinen verbindlichen Charakter. Sie dient zur Zielformulierung und Diskussionsanregung.[132]
- Die Stellungnahme: Dient zur Kundgabe einer politischen Meinung oder Einstellung.[133]

---

[122] Seit 1.1.2009 eigene Rechtspersönlichkeit: Europäische Union (2011a), http://europa.eu
[123] Vgl. Burschel/Losen/Wiendl (2004), S. 79
[124] Vgl. Europäische Union (2011b), http://europa.eu
[125] Vgl. Burschel/Losen/Wiendl (2004), S. 80
[126] Vgl. Burschel/Losen/Wiendl (2004), S. 80
[127] Vgl. Tömmel (2008), S. 95
[128] Vgl. Burschel/Losen/Wiendl (2004), S. 80
[129] Vgl. Tommel (2008), S. 95
[130] Vgl. Burschel/Losen/Wiendl (2004), S. 80
[131] Vgl. Tommel (2008), S. 95
[132] Vgl. Tommel (2008), S. 95
[133] Vgl. Tommel (2008), S. 95

Welches Instrument im Detail gewählt wird, obliegt den Organen der Europäischen Union. Die Europäische Kommission hat dabei das Vorschlagsrecht. Die Verabschiedung obliegt dem Europäischen Rat und dem Parlament.[134]

Die Möglichkeiten der Einflussnahme sind mit den rechtlichen Möglichkeiten seitens der Europäischen Union bei weitem noch nicht erschöpft. Der Bereich der Subventionen und Förderungen darf bei allen zuvor angeführten Betrachtungen nicht außer Acht gelassen werden.

Im weiteren Verlauf der Arbeit werden wir uns sowohl mit Richtlinien (Altauto RL, Wegekosten RL), als auch Verordnungen (EMAS) der Europäischen Union näher auseinandersetzen. Um die Umsetzung der Richtlinien nachvollziehbarer zu gestalten, wird eine Ebene unter der Europäischen Union auf die Instanzenzüge und Instrumente des EU Mitgliedsstaates Österreich eingegangen.

EU Mitgliedsstaat Österreich: Der Beitritt zur Europäischen Union wurde durch eine Verfassungsnovelle im Jahr 1994 geregelt. In dieser Novelle wurde der Umgang mit den zuvor genannten Einflussmöglichkeiten seitens der EU festgelegt. Die Souveränität Österreichs ist dadurch in Bezug auf alleiniges rechtliches Vorgehen eingeschränkt worden. Alleinige Gesetzeserlässe sind allerdings unter Beachtung der Vereinbarkeit mit EU-Recht möglich.[135] Nachfolgend werden die wesentlichen Institutionen mit den ihnen zur Verfügung stehenden Mitteln kurz dargestellt.

- Bund: Er stellt die oberste Gesetzgebungsgewalt Österreichs dar.[136] Dem Bund kommt in gewissen Bereichen nicht nur die Gesetzgebung, sondern auch die Verwaltung der Infrastruktur zu. Als Beispiel können die später noch näher diskutierten Bundesstraßen und Autobahnen genannt werden.[137]
- Länder: Sind ebenfalls mit eigener Gesetzgebungsgewalt ausgestattet. Ihr Spielraum ist allerdings auf einen vom Bund vorgegeben Rahmen eingeengt. Wesentliche Kompetenzen sind den Ländern in Bezug auf die Gesetzgebung in Abfallwirtschafts- und Naturschutzfragen zugesichert.[138]

---

[134] Vgl. Europäische Union (2011c), http://europa.eu
[135] Vgl. Tálos (2000), S.30 f.
[136] Vgl. Republik Österreich (2011), http://www.parlament.gv.at
[137] Vgl. Öhlinger (2009), S. 119
[138] Vgl. Republik Österreich (2011), http://www.parlament.gv.at

- Gemeinden: Den Gemeinden kommt keine Gesetzgebungsgewalt zu. Lediglich vereinzelte Verwaltungsaufgaben fallen in den Aufgabenbereich von Gemeinden.[139,140] Als Beispiel für Verwaltungsaufgaben kann die subsidiär von den Ländern übertragene Verantwortung über die Verwaltung der örtlichen Abfallwirtschaft, genannt werden.[141]

In weiterer Folge werden wir uns mit den grundsätzlichen Ansätzen bei Infrastrukturschaffung und Nutzung befassen. Diese beiden Bereiche stehen aufgrund ihrer hohen Emissionen im Zentrum der aktuellen Diskussionen. Es wird versucht wesentliche Ansätze der öffentlichen Hand aufzuzeigen. Anschließend werden eine Ebene höher logistisch relevante Ansätze der öffentlichen Hand diskutiert. Um Unklarheiten zu vermeiden, wurde auf eine einzelne Gliederung der Institutionen und ihrer Ansätze verzichtet. Aus Gründen der Verständlichkeit der Tragweite einzelner Ansätze ist es allerdings von Vorteil, sich den in diesem Kapitel analysierten Instanzenzug in Erinnerung zu rufen.

4.2. Ansätze bei der Infrastrukturschaffung

Die Verkehrsinfrastruktur stellt eine Schlüsselrolle für die freie Bewegung von Menschen und Gütern dar. Durch die Schaffung neuer Infrastruktur können bedeutende Impulse für einzelne Staaten, Städte und Regionen gesetzt werden. Der Güteraustausch wird vereinfacht und Transaktionskosten können gesenkt werden.[142] Durch die eben angeführten Vorteile werden Infrastrukturprojekte sehr oft mit hoher Priorität behandelt. Es darf dabei allerdings nicht außer Acht gelassen werden, dass bei der Schaffung von Infrastruktur nicht nur positive Effekte auftreten. Vielmehr sind die folgenden externen Effekte zu berücksichtigen:

- Bodenversiegelungseffekte: Auswirkungen auf Grundwasser, Flora und Fauna. Zum Beispiel kann bei dem Bau einer Straße das Regenwasser nicht mehr in der gewohnten Art und Weise abfließen.

---

[139] Vgl. Baumgartner et al (2010), S. 39 f.
[140] Weiterführend dazu:
[141] Vgl. Neuhofer (1998), S. 281
[142] Vgl. OECD (2007), S. 464, von Autor übersetzt

- Trenneffekte: Durch Bau von Straßeninfrastruktur kann es zur Trennung von Siedlungen oder Flächen öffentlicher Interessen kommen. Dies kann zu einer Abwertung der umliegenden Grundstückswerte führen.
- Landverbrauchseffekte: Werden die Kosten für den Grunderwerb nicht zu den Opportunitätskosten, sondern auf einem niedrigeren Niveau angesetzt, kommt es zu Landverbrauchseffekten.[143,144]

Da die Freigabe zur Schaffung von Verkehrsinfrastruktur von Seiten der Verkehrspolitik abgehandelt wird, liegt es auch an ihr, die entstehenden negativen externen Kosten in vollem Umfang zu erfassen und in die Kostenkalkulationen einfließen zu lassen.[145]

Nach der Infrastrukturschaffung wird diese zumeist für die Nutzung freigegeben. Den bei der Nutzung entstehenden externen Kosten und deren Erfassung ist das folgende Kapitel gewidmet.

4.3. Ansätze bei der Infrastrukturnutzung

Die Anfänge zur tiefergehenden Diskussion der negativen Kosten, die bei Infrastrukturnutzung entstehen, liegen in den 70er Jahren. Im Zeitverlauf haben sich natürlich einige Determinanten verändert. Einerseits wurden wesentliche Verbesserungen in Bezug auf Treibstoffverbrauch und Emissionsausstoß erzielt. Andererseits sind die Verkehrsleistungen seit den 70er Jahren enorm angestiegen.[146]

Die externen Kosten, die bei Infrastrukturnutzung entstehen, besitzen in Bezug auf die Rechenmethoden eine wesentlich bessere Quantifizierung als die vorhandenen Methoden bei Infrastrukturschaffung.[147]

Das Schweizer INFRAS Institut hat weitreichende Recherchen im Bezug auf externe Kosten des Verkehrs betrieben. Die Relevanz der Studie spiegelt sich in umfangreichen Erwähnungen in der Literatur wider. Im Folgenden werden die Studie und die wichtigsten Erkenntnisse näher diskutiert.

---

[143] Vgl. Aberle (2009), S. 584
[144] Vgl. Kummer (2006), S. 233
[145] Vgl. Kummer (2006), S. 182
[146] Vgl. Michaelis (2007), S. 2
[147] Vgl. Aberle (2009), S. 584

Wie bereits in Kapitel 2.6 analysiert, ist der Vorgang der Quantifizierung und Monetarisierung mit einigen Hindernissen verbunden. Der große Vorteil der Studie ist, dass die Kosten monetarisiert wurden. Dies bildet eine ausgezeichnete Grundlage, um über verschiedene Anlastungs- bzw. Vermeidungsstrategien, die der öffentlichen Hand zur Verfügung stehen, zu diskutieren.

4.3.1. INFRAS Studie: Externe Kosten des Verkehrs

Die Studie versucht, eine sehr weitreichende Berechnungsbasis zum Thema der externen Kosten des Verkehrs zu fassen. Es wurden die EU-17 Länder aggregiert und verschiedene Kostenkategorien betrachtet. Die Berechnungen basieren auf dem Jahr 1995, mit Trendschätzungen für das Jahr 2010.[148]

Tabelle 1 ist eine Übersicht über die identifizierten externen Effekte und wesentliche Annahmen, die bei der Erhebung getroffen wurden.

---
[148] Vgl. Maibach (2000), S. 1 ff.

Effekte	Gesamtkost en-anteil (EUR 17 1995 in %)	Kostenkomponenten	Wichtigste Annahmen
Unfälle	29%	Zusatzkosten durch - medizinische Versorgung - gesellschaftliche Opportunitätskosten - Kummer und Leid.	- Der Wert eines Menschenlebens wird mit 1,5 Mio ¤ veranschlagt - Durchschnittskosten entsprechen Grenzkosten. Es wird keine spezifische Beziehung zwischen Fahrzeugkilometer und Unfallraten angenommen. - Zahlungen von Versicherungen werden für die Ermittlung der externen Kostenkomponenten berücksichtigt.
Lärm	7%	Schäden (Opportunitäts-kosten) am Grundstücks-wert und an der menschlichen Gesundheit	- Der Wertansatz geht von einer Zahlungsbereitschaft für weniger Lärm über 55 dB(A) aus. - Durchschnittskosten werden durch einen Top-down-Ansatz aufgrund von CEMT-Daten geschätzt. - Grenzkosten werden mit einem Modellansatz geschätzt.
Luft-verschmutz-ung	25%	Schäden (Opportunitätskosten) an - der menschlichen Gesundheit - Material - der Biosphäre	- Die Ergebnisse basieren auf einer neuen, kohärenten Emissions-Datenbank für alle Länder (TRENDS/Eurostat) - Die Gesundheitskosten basieren auf einer WHO-Studie mit Schätzwerten für Frankreich, Österreich und der Schweiz. - Gebäudeschäden, Ernteverluste und Waldschäden basieren auf den Ergebnissen von Schweizerischen Expertenstudien. - Die Grenzkosten werden mit dem ExternE-Modell berechnet. Um mit dem Top-down-Ansatz für Gesamt- und Durchschnittskosten kompatibel zu sein, wurden die Gebäudeschäden angepasst.
Klima-veränderung	23%	Schäden (Opportunitätskosten) des Treibhauseffektes	- Datenbank: TRENDS - Zugrundegelegt wird ein Kostenwert von 135 Euro pro Tonne CO_2 - Grenzkosten entsprechen den variablen Durchschnittskosten - Die Kostensätze des Luftverkehrs werden verdoppelt, um das besondere Risiko von Emissionen in größeren Höhen zu berücksichtigen
Natur & Landschaft	3%	Zusatzkosten zur Schadensbehebung, Entschädigungen	- Schadensbehebungskosten werden angesetzt, unter Schätzung der Versiegelungskosten für verschiedene Infrastrukturarten. - Als Bezugsniveau (unverdorbene Landschaft) wird das Jahr 1950 zugrundegelegt. - Die Effekte sind für die volkswirtschaftlichen Grenzkosten nicht relevant, da diese Kosten infrastrukturbezogen sind.
Zerschnei-dung städtischer Gebiete	1%	Zeitverluste für Fußgänger	Nach der in Deutschland verwendeten Methode (EWS) werden Zeitverluste anhand von Zufallsstichproben aus verschiedenen Städten geschätzt.
Raum-knappheit in städtischen Gebieten	1%	Raumausgleich für Fahrräder	- Nach der in Deutschland verwendeten Methode (EWS) werden Zeitverluste anhand von Zufallsstichproben aus verschiedenen Städten geschätzt. - Die Effekte sind für die volkswirtschaftlichen Grenzkosten nicht relevant, da diese Kosten infrastrukturbezogen sind.
Zusätzliche Kosten durch Up- und Downstream-Prozesse	11%	Zusätzliche Umweltkosten (Luftverschmutzung, Klimaveränderung, Risiken)	- Auf der Grundlage des Energieverbrauchs werden die zusätzlichen Kosten für Energieproduktion, Produktion und Unterhaltung der Fahrzeuge und der Infrastruktur geschätzt. - Für nukleare Risiken wird ein Schattenpreis von 0,035 Euro pro kWh veranschlagt, der auf den Studien der Zahlungsbereitschaft zur Gefahrenverhütung beruht.
Stau	% nicht berück-sichtigt	Externe Zusatzzeit und Betriebskosten	- Verwendung eines Verkehrsmodells zur Berechnung der Grenz- und Durchschnittskosten. - Zeitwerte wurden aus EU-Forschungsprojekten (PETS) abgeleitet. Drei Ansätze: - Nettowohlfahrtsverlust für den Straßenverkehr angesichts einer optimalen Staussteuer - Einnahmen aus optimaler Besteuerung - Zeitverluste im Vergleich zu einem besseren Verkehrsleistungsniveau

Tabelle 1: Übersicht über die externen Effekte des Straßenverkehrs und die wichtigsten getroffenen Annahmen[149]

---

[149] Maibach (2000), S. 2

Insgesamt wurden externe Kosten im Umfang von 530 Milliarden Euro pro Jahr ermittelt. Das entsprach zum Erhebungsjahr 1995 insgesamt 7,8% des BIP der beteiligten 17 Nationen. Bei der monetären Abschätzung nehmen die Unfallfolgekosten mit 29% den größten Teil ein. Bei Unfällen werden nur Kosten berücksichtigt, die nicht von Versicherungen gedeckt sind.[150,151] Weiters wurden die externen Kosten wie Abbildung 3 zeigt auf die verschiedenen Verkehrsträger bezogen. Von den 530 Milliarden entfallen 92% auf den Verkehrsträger Straße.[152]

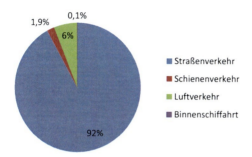

Abbildung 3: Prozentueller Anteil externer Kosten nach Verkehrsträgern (EU17)[153]

Der hohe absolute Betrag zeigt die Notwendigkeit der Kosteninternalisierung sehr treffend.

Da ein Instrument alleine nicht ausreichend sein wird, werden im nächsten Gliederungspunkt mehrere konkrete Ansätze zur Internalisierung der in Tabelle 1 ausgeführten Kosten veranschaulicht.

---

[150] Vgl. Maibach et al. (2007), S. 36
[151] Vgl. Maibach (2000), S. 3
[152] Vgl. Maibach (2000), S. 3
[153] Vgl. Maibach (2000), S. 3

4.3.2. Umsetzung der Kosteninternalisierung

Vor dem Übergang zu konkreten Umsetzungen ist es wichtig, grundlegende Regeln für eine Internalisierungsstrategie zu formulieren:

- Die externen Umweltkosten sollten möglichst vollständig erfasst werden.
- Die Anlastung sollte möglichst verursachungsgerecht sein.
- Dies sollte alles mit möglichst niedrigen Transaktionskosten möglich sein.[154]

Wie bereits bei den volkswirtschaftlichen Grundlagen ausgeführt wurde, kann eine Steuerung der Nachfrage über den Preis der Mobilität geregelt werden. Die in Tabelle 1 identifizierten Kosten müssen bestmöglich nach den eingangs ausgeführten Regeln umgesetzt werden.

Nimmt man Bezug auf die Umweltbelastung, ist die Treibstoffsteuer die beste Möglichkeit eine Lenkung des Konsums vorzunehmen. Es gibt die Möglichkeit, die Kosten vollständig via eines angepassten Steuersatzes zu erfassen. Weiters ist die Anlastung verursachungsgerecht, denn sie wird direkt beim Emittenten eingehoben. Die Transaktionskosten als letztes Kriterium befinden sich auch auf einem niedrigen Niveau.[155]

Doch bei dem Versuch die Steuern anzupassen, kann es natürlich zu Widerständen seitens der Unternehmen und Privatpersonen kommen. Diese sehen in der Erhöhung der Treibstoffsteuer eine Senkung ihres Nutzens.[156] Ein weiteres Problem können unterschiedliche Steuersätze in benachbarten Ländern sein. Diese führen zu Tanktourismus und Wettbewerbsverzerrungen.[157]

Betrachtet man andere Teilbereiche aus Tabelle 1, wie zum Beispiel Unfälle und Natur & Landschaft, wird einem schnell bewusst, dass das Kriterium der verursachungsgerechten Anlastung nur sehr schwer erfüllbar ist. Eine Steuerung einzig über die Treibstoffsteuer ist nicht mehr zielführend. Um die Kosten zu internalisieren, ist es zweckmäßig, differenzierte Straßennutzungsgebühren einzuheben. Die Differenzierung ist

---

[154] Vgl. Michaelis (2007), S. 22
[155] Vgl. Michaelis (2007), S. 22 ff.
[156] Vgl. Bretzke/Barkawi (2010), S. 252
[157] Vgl. Michaelis (2007), S. 19 ff.

notwendig, da auf den Straßen verschiedene Verkehrsteilnehmer mit verschiedenen Nutzenniveaus unterwegs sind.[158]

Die nachfolgende Abbildung soll die Möglichkeiten, die zur Internalisierung zur Verfügung stehen, aufzeigen.

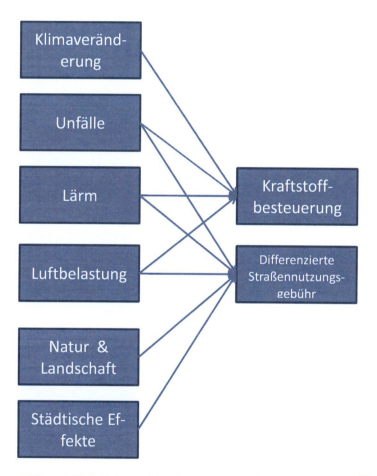

Abbildung 4: Möglichkeiten zur Internalisierung externer Kosten im Straßenverkehr[159]

---

[158] Vgl. Michaelis (2007), S. 22 ff.
[159] Vgl. Michaelis (2007), S. 25

Der öffentlichen Hand obliegt es nach Einhebung der Gebühren bzw. Steuern, diese möglichst effizient zu nutzen.[160] Eine breite Akzeptanz für ökologische Vorstöße seitens der öffentlichen Hand wird in der Bevölkerung nur durch Transparenz und sinnvolle Verwendung der eingehobenen Gelder stattfinden.

Nachfolgend wird auf das konkrete Beispiel der EU Wegekostenregelung eingegangen. Sie stellt seit einer Novellierung im Jahr 2006 eine praktische Grundlage für die Internalisierung externer Kosten des Straßenverkehrs dar.[161]

4.3.3. EU-Wegekostenrichtlinie

Ausgangspunkt für unsere Analyse, ob die EU- Wegekostenrichtlinie die externen Kosten des Verkehrs berücksichtigt, bilden die EU Richtlinien 1999/62/EG[162] bzw. die auf ihr aufbauende Novellierung RL 2006/38/EG[163,164]

Durch das Existieren unterschiedlicher Mautbestimmungen in den einzelnen Mitgliedsländern und somit existenten Wettbewerbsverzerrungen für Logistikdienstleister wurde seitens der EU eine Harmonisierung angestrebt. War anfangs die Beachtung der externen Kosten kein explizites Ziel, wird in der Novellierung die Beachtung der externen Kosten als zukünftiges Ziel angeführt. Konkreter wurde die Europäische Kommission aufgefordert bis 2008 ein nachvollziehbares Modell zur Bewertung der externen Kosten aller Verkehrsträger zu erstellen.[165,166] Die Europäische Kommission ist mittlerweile dem Wunsch nach Erstellung eines einheitlichen Modells nachgekommen.[167] Nachdem geprägt durch die Wirtschaftskrise in Fragen Umweltschutz weitgehend Stillstand herrschte, wurde nun seitens der EU-Verkehrsminister ein Vorstoß initiiert. Seit 12.04. 2011 liegt ein konkreter Vorschlag für die Neugestaltung der Richtlinie vor. Dieser muss nun abschließend nur noch vom Parlament zugestimmt werden. Wird die Richtlinie in der derzeitig vorliegenden Form verabschiedet können die externen Kosten der Infrastrukturnutzung (Lärm, Stau, Emission) seitens die Mitgliedsstaaten berücksichtigt

---

[160] Interessant dazu: Bretzke/Barkawi (2010), S. 252
[161] Vgl. Hummer/Obwexer (2006), S. 339 f.
[162] Vgl. EG-RL 1999/62/EG, S. 1 ff.
[163] Vgl. EG-RL 2006/38/EG, S. 1 ff.
[164] Vgl. Hummer/Obwexer (2006), S. 339
[165] Vgl. EG-RL 1999/62/EG, S. 1 ff.
[166] Vgl. EG-RL 2006/38/EG, S. 3
[167] Vgl. European Comission (2008), S. 1 ff. von Autor übersetzt

werden.[168,169,170.] Allerdings ist die Einhebung einer Maut nicht verpflichtend vorgesehen. Wird allerdings seitens eines Mitgliedslandes die Maut eingehoben, können in Zukunft die externen Kosten berücksichtigt werden.[171]

Die Richtlinie ist für alle Nutzfahrzeuge über 3,5 Tonnen anzuwenden. Allerdings wurde seitens des Rates eine „Hintertür" für die Umsetzung der neuen Richtlinie eingebaut. Es ist den Ländern möglich per Gesetzeserlass eine Anhebung des Geltungsbereichs für Nutzfahrzeuge erst ab 12 Tonnen zu erwirken. Bei Einhebung der Maut dürfen seit Umsetzung der neuen Richtlinie nur mehr die Kosten der Infrastrukturnutzung- und Schaffung als Berechnungsgrundlage berücksichtigt werden.[172,173]

Aus ökologischer Sicht sind die Fortschritte in Bezug auf Internalisierung externer Kosten äußerst begrüßenswert. Ob am Ende die externen Kosten des Güterverkehrs allerdings vollständig berücksichtigt werden ist noch offen.

Aus ökonomischer Sicht ist zumindest die Angleichung der unterschiedlichen staatlichen Mautregelungen begrüßenswert. Es werden somit Ungleichheiten zwischen den einzelnen staatlichen Regelungen ausgeglichen. Allerdings muss erwähnt werden, dass auf Nebenrouten (die nicht der Richtlinie unterliegen) durch Mautausweichverkehr ein Verkehrsanstieg verzeichnet werden konnte. Durch die häufigeren Geschwindigkeitswechsel auf Nebenstraßen werden höhere externe Kosten als bei Benutzung einer durchgängigen Mautstraße erzeugt.[174] Weiters stellt sich die Frage, ob nicht auch Fahrzeuge unter 3,5 Tonnen der Maut unterworfen werden sollten.[175]

4.3.4. Emission Trading System

Das europäische Emission Trading System (ETS) wurde seitens der Europäischen Union im Jahr 2005 erstmals umgesetzt. Der Handel mit Emissionsrechten soll bei der Erreichung der Kyoto Ziele als wesentliches Instrument dienen. In der ursprünglichen ersten Phase (2005-2007) des Emissionshandels wurden Energieproduzenten und besonders CO^2 intensive Industriezweige (z.B.:Zement-, Stahlindustrie) dem Emissi-

---

[168] Vgl. Europäisches Parlament (2011), http://www.europarl.europa.eu
[169] Vgl. o.V. (2011b), http://diepresse.com
[170] Vgl. Land Salzburg (2011), http://www.salzburg.gv.at
[171] Vgl. Arbeiter Kammer Europa (2011), http://www.akeuropa.eu
[172] Vgl. Hummer/Obwexer (2006), S. 341
[173] Vgl. Cunnane (2011), http://www.roadtransport.com, von Autor übersetzt
[174] Vgl. Einbock (2007), S. 249
[175] Interessant dazu: Hartwig/Marner (2005), S. 102 ff.

onshandel unterworfen. Insgesamt sind diese Industriezweige für ungefähr 50% des CO^2 Ausstoßes in Europa verantwortlich.[176] Die Umsetzung des Zertifikathandels basiert auf Gratisvergabe von einer fixen Menge an Zertifikaten, die dann unter den jeweiligen teilnehmenden Unternehmen gehandelt werden können. Durch die Handelbarkeit wird der Hersteller der die, am günstigsten energieeffiziente Technologien umsetzen kann, eine Implementierung vorantreiben und die verbliebenen Zertifikate gewinnbringend am Markt verkaufen. Durch die Deckelung wird ein Anreiz für effizientere Technologien gesetzt. Für unsere Betrachtungsweise der Logistik bzw. ihrer Teilbereiche ist die Phase drei, die ab dem Jahr 2012 umgesetzt wird, aufgrund des Miteinbezuges des Flugverkehrs (sowohl Passagier als auch Cargo) von besonderem Interesse.[177,178,179]

Die Menge der handelbaren Zertifikate für das Jahr 2012 umfasst 97% des durchschnittlichen CO^2 Ausstoßes der Jahre 2004, 2005 und 2006. Von 2013 bis 2020 wird dieser Wert auf 95% reduziert. Betroffen sind dabei alle Flugunternehmen, die auf europäischen Flughafen starten oder landen. Somit wird der europäische Luftraum flächendeckend in das ETS Schema übernommen.[180] Durch die höheren Kosten des Betriebes steigen die Grenzkosten der Flugoperatoren. Es wird zumindest ein Teil der externen Kosten internalisiert und durch den steigenden Preis ist von einem Nachfragerückgang auszugehen.[181] Berechnungen gehen im Bezug auf Billigairlines (Ryanair, Easyjet) von einem Nachfragerückgang von ungefähr 5 % aus. Bei größeren Fluglinien (Lufthansa, Air France) wird mit einem 2%-igen Rückgang der Nachfrage gerechnet.[182]

Bei dem ETS System kann eindeutig von einem Instrument zur Internalisierung externer Kosten gesprochen werden.[183]

In einer nächsten Ausbaustufe des ETS System soll auch der Schiffsverkehr via handelbarer Zertifikate in den Zertifikatenhandel integriert werden. Es wird derzeit seitens der Europäischen Kommission ein Vorschlag erarbeitet.[184,185]

---

[176] Vgl. Tiess (2009), S. 217
[177] Vgl. European Commission (2010), http://ec.europa.eu, von Autor übersetzt
[178] Vgl. Europäische Parlament (2008), http://www.europarl.europa.eu
[179] Weiterführend: Sijm (2007), http://www.rivm.nl
[180] Vgl. European Commission (2011a), http://ec.europa.eu, von Autor übersetzt
[181] Vgl. Kapitel 2.1.2.
[182] Vgl. Markewitz/Matthes (2008), S. 283 f.
[183] Vgl. European Environment Agency (2011): http://www.eea.europa.eu, von Autor übersetzt
[184] Vgl. European Commission (2011b), http://ec.europa.eu
[185] Interessant dazu: o.V. (2011d), http://www.spiegel.de

4.4. Ansätze im Logistikbereich

Im Folgenden wird wieder zur Betrachtung der gesamten Logistik zurückgekehrt, um ein umfassenderes Bild der Möglichkeiten seitens der öffentlichen Hand zu zeichnen. In welchen Bereichen der Logistik gibt es bereits Anreize bzw. Eingriffe der öffentlichen Hand, um eventuelle, nicht berücksichtigte externe Kosten zu internalisieren?

Werden die einzelnen Bereiche eines Logistiksystems analysiert, kann abseits der Transportlogistik, mit ihren hohen negativen externen Effekten, die Entsorgungslogistik als Themenfeld öffentlichen Interesses identifiziert werden. Weshalb ist es für die öffentliche Hand interessant, Eingriffe im Bereich der Entsorgungslogistik vorzunehmen?

Durch die stark wachsende Bevölkerung und dem wachsenden Wohlstand wird es in absehbarer Zeit zu Rohstoffengpässen kommen. Diese Engpässe könnten allerdings vermieden werden, wenn der Marktpreis des Produktes die Kosten der Wiederverwertung der eingesetzten Rohstoffe berücksichtigen würde. Viele Produkte landen am Ende ihrer Nutzungsdauer auf der Müllhalde. Doch auch während der Produktion fallen Abfälle an, auch diese müssen in die Kalkulationen mit einbezogen werden. Gäbe es geeignete Recyclingsysteme, könnten die Rohstoffe wiederverwertet werden. Diese Systeme sind natürlich kostspielig. Die Finanzierung muss entweder von der öffentlichen Hand oder von privaten Unternehmen erfolgen. Erst wenn der Marktpreis die Recyclingkosten widerspiegelt, werden die externen Kosten internalisiert. Um die Stakeholder der öffentlichen Hand auf die Notwendigkeit des effizienten Umgangs mit den gegebenen Ressourcen zu sensibilisieren, müssen klare Regeln im Umgang mit Abfällen im Verlauf des Produktlebenszyklus definiert werden. Wird dieses Ziel erreicht, kann von einem geschlossenen Produktlebenszyklus gesprochen werden.[186]

Als ein sehr gutes Beispiel für das Anstreben eines geschlossenen Produktlebenszyklus seitens der öffentlichen Hand kann die Richtlinie über Altfahrzeuge der Europäischen Gemeinschaft genannt werden. Ein Ziel war einerseits die Harmonisierung der bereits bestehenden Verordnungen der einzelnen Mitgliedsstaaten, andererseits die Bewusstseinsschaffung bei den Autoherstellern und Importeuren. Diese werden verpflichtet, ihre in Umlauf gebrachten Fahrzeuge nach Ablauf der Nutzungsdauer ordnungsgemäß zu recyceln.[187] Durch die Schaffung dieser Regelung wurde ein wesentlicher Anstoß für die Autoindustrie gegeben. Um am stark umkämpften Automobilsektor

---

[186] Vgl. Arnold et al. (2008) S. 487 ff.
[187] Vgl. EG-RL 2000/53/EG, S. 1 f.

weiterhin kosteneffizient wirtschaften zu können, muss bereits bei der Entwicklung eines neuen Fahrzeuges der gesamte Produktlebenszyklus im Kontext der Nachhaltigkeit analysiert werden.

Alleine im Jahr 2010 sind ungefähr 14 Millionen Fahrzeuge in den EU-25 Nationen am Ende ihrer Nutzungsdauer angelangt.[188] Durch Umsetzung der Richtlinie in den Mitgliedsstaaten müssen seit dem Jahr 2006 mindestens 80% des Fahrzeuggewichts recycled werden. Mit dem Jahr 2015 soll der Anteil des Fahrzeuggewichts, der dem Recycling unterliegt, auf 85% ansteigen.[189] Die angestrebte Recyclingquote von 80% wird von beinahe allen Mitgliedsstaaten erreicht.[190] Problematisch ist die teilweise Umgehung der Altauto Richtlinie zu betrachten. So erfahren viele schrottreife Fahrzeuge einen zweiten Lebensabend.[191]

Ein weiterer Ansatz, die externen Kosten frühzeitig im Produktlebenszyklus zu erheben, wird durch Implementierung des EMAS Umweltmanagementsystems in Unternehmen erreicht. Im Folgenden werden die einzelnen Anforderungen für eine erfolgreiche Zertifizierung nach EMAS kurz ausgeführt und ein Überblick über die Berücksichtigung der externen Kosten in der Verordnung gegeben.

4.5. EMAS Umweltmanagementsystem

Es können zwei verschiedene Arten von Umweltmanagementsystemen unterschieden werden. Einerseits international formal anerkannte (UMS) und andererseits, in eingeschränkterem geographischen Radius gültige Umweltmanagementsystemansätze (U-MA).[192]

Es existieren derzeit zwei anerkannte Regelwerke für UMS.[193] Einerseits, die ein privatwirtschaftliches Instrument darstellende ISO 14001, und andererseits die vom Rat der Europäischen Gemeinschaft geschaffene, europaweit gültige EMAS Verordnung. Obwohl die Ansätze von einem unterschiedlichen rechtlichen Kontext abstammen ist

---

[188] Vgl. Schneider et Al (2010), S. 8 von Autor übersetzt
[189] Vgl. Schneider et Al (2010), S. 56 von Autor übersetzt
[190] Vgl. Schneider et Al (2010), S. 59 von Autor übersetzt
[191] Vgl. Höhmann (2007), http://www.handelsblatt.com
[192] Vgl. Brauweiler (2010), S. 280
[193] Vgl. Brauweiler (2010), S.280

ihre Zielsetzung über weite Strecken ident. Durch die Einführung des Umweltmanagementsystems sollen Umweltvorschriften und Gesetze eingehalten werden und organisationsspezifische Umweltziele verfolgt werden.[194]

In weiterer Folge werden wir uns näher mit der von der öffentlichen Hand initiierten EMAS Zertifizierung auseinandersetzen. Es wird zuerst eine grobe Übersicht über den Ablauf des Zertifizierungsprozesses gegeben. Anschließend wird die Praktikabilität im Bezug auf die Internalisierung externer Kosten geprüft und diskutiert.

Unternehmen, die sich für die Durchführung der EMAS Zertifizierung entschieden haben, müssen folgende Schritte durchlaufen:

- Definition der unternehmerischen Umweltpolitik. Es müssen zumindest die Achtung der Umweltgesetze und angepasste kontinuierliche Verbesserungspotentiale definiert werden.
- An allen teilnehmenden Standorten des Unternehmens müssen Umweltprüfungen abgehalten werden.
- Aufbauend auf der Prüfung der Standorte muss ein Umweltprogramm erarbeitet werden.
- An den Standorten muss jährlich anhand eines externen Gutachters ein Überwachungsaudit abgehalten werden. Zusätzlich muss jährlich ein interner Umweltbetriebsprüfungsaudit durchgeführt werden. Im Drei-Jahres-Rhythmus muss schließlich das gesamte Zertifikat durch Auditierung verlängert werden.
- Das Ziel der kontinuierlichen Verbesserung wird durch die Abhaltung und Neuadjustierung der jährlichen Audits gewährleistet. In diesem Zusammenhang kann natürlich auch die für unsere Themenstellung relevante Berücksichtigung der externen Kosten als neues Ziel definiert werden.
- Auf Grundlage des jährlichen Audits ist eine Umwelterklärung zu veröffentlichen.
- Ein zugelassener Umweltgutachter muss alle zuvor genannten Punkte auf Gültigkeit und Einklang mit der Gesetzeslage prüfen, um anschließend die Gültigkeit der Umwelterklärung zu bestätigen.
- Die gültige Umwelterklärung muss seit Einführung von EMAS II (seit 2001) in ein eigenes Register eingetragen werden und anschließend der Öffentlichkeit der jeweiligen Mitgliedsstaaten zur Kenntnis gebracht werden.[195]

---

[194] Vgl. Bahner (2001), S. 152 f.
[195] Vgl. Baumann/Kössler/Promberger (2003), S. 45 ff.

Bei Durchführung der am Beginn der Zulassung stehenden Umweltprüfung wird explizit die Notwendigkeit zur Erfassung aller direkten und indirekten Umweltaspekte, die bedeutende Auswirkungen auf die Umwelt haben, genannt. Die Beachtung der externen Kosten wird bei Durchführung der EMAS Zertifizierung nicht explizit erwähnt. Allerdings gilt es bereits bei der Umweltprüfung die folgenden Punkte in der Dokumentation zu beachten:

- Umweltgefährdungsaspekte
- Anfälligkeit der globalen, regionalen oder lokalen Umwelt
- Ausmaß, Anzahl, Häufigkeit und Umkehrbarkeit der Emissionen
- Liegen einschlägige Vorschriften vor und werden sie beachtet
- Wie werden die Stakeholder beeinflusst
- Direkte Aspekte: Bereiche, die unter direkter Ausführung und Kontrolle der Organisation stehen, wie beispielsweise: Emissionen, Recycling, Transport von (gefährlichen) Abfällen und Wiederverwendung
- Indirekte Umweltaspekte: Bereiche, in denen die Unternehmung in Wechselwirkung mit Dritten steht wie: Aspekte bezogen auf den Produktlebenszyklus, Umweltleistungen von anderen Teilnehmern der Supply Chain und Auswahl und Zusammensetzung von Dienstleistungen.[196, 197]

Legt man diese Richtlinien auf die Logistik um, so kann eindeutig von der Notwendigkeit der Berücksichtigung der externen Kosten gesprochen werden. Es muss der Produktlebenszyklus analysiert werden, um tragfähige Aussagen zu den oben angeführten Themenpunkten geben zu können.

Nach der Durchführung der Umweltprüfung sind die notwendigen Grundlagen für die Erstellung des Umweltprogramms gegeben. Bei Erstellung des Umweltprogramms gilt es, durch Einzelzielsetzung und Nennung von konkreten Maßnahmen und Verantwortlichen, das Umweltgesamtziel zu erreichen.[198]

Die Implementierung des EMAS Programms ist natürlich nicht nur mit Kosten verbunden. Bei Teilnahme am Programm können Kosteneinsparungspotentiale, Organisationsverbesserungen, Risikominimierung und die Wettbewerbsfähigkeit der Organisation deutlich verbessert werden. Dazu ist allerdings eine gute Betreuung der definierten Ziele durch die eigenen Mitarbeiter notwendig. Eine weitreichende Öffentlichkeitsarbeit sollte ebenfalls Teil des Programms sein. Ziel der PR ist es, Imagewerte unter den

---

[196] Vgl. EG-VO 1221/2009, Anhang 1
[197] Vgl. Dimitroff-Regatschnig/Nowak (2008), S. 6 f.
[198] Vgl. Baumann/Krössler/Bromberger (2003), S. 54

Konsumenten zu steigern und somit für den größten Nachteil, die nötigen Investitionen, eine Kompensation zu erhalten.[199]

Ein weiterer Nachteil der EMAS Zertifizierung ist die geographisch eingeschränkte Gültigkeit innerhalb Europas. Durch die hohe Ähnlichkeit zur ISO 14001, die weltweit gültig ist, entscheiden sich die meisten Unternehmen für die ISO Zertifizierung. Ob das Existieren von zwei derart ähnlichen Zertifizierungssystemen sinnvoll ist, ist zu bezweifeln.[200]

4.6. Zukünftige Entwicklungen

Um das Kapitel abzurunden, wird abschließend auf zukünftige Entwicklungen und Ideenanstöße seitens der öffentlichen Hand eingegangen. Das Existieren externer Effekte ist unbestritten und deren gänzliche Vermeidung nicht möglich bzw. nicht sinnvoll. Vielmehr sollte versucht werden, einerseits die Kosten zu internalisieren, und andererseits negative Umwelteinflüsse zu verringern. Im Folgenden soll ein kurzer Überblick über einige aktuelle Trends gegeben werden.

- Förderung des Schienengüterverkehrs: Die bereits in Kapitel 4.3.1. diskutierte INFRAS Studie konnte klar belegen, dass die externen Kosten des Schienenverkehrs weit unter den externen Kosten des Straßengüterverkehrs liegen. Die Kosten pro 1000 gefahrenen Tonnenkilometer eines Schwerlasters belaufen sich auf 72 Euro. Die Schiene liegt bei dem vergleichsweise niedrigen Niveau von 19 Euro je 1000 Tonnenkilometern.[201] Ein wesentliches Problem des Schienengüterverkehrs besteht in der mangelnden Flexibilität. Diese mangelnde Flexibilität wird einerseits durch die Bindung an das Trägermedium Schiene, andererseits durch teilweise schwerfällige von öffentlicher Seite kontrollierte Strukturen gefördert. Einen wichtigen Vorstoß in Richtung einer Aufhebung dieser Monopolsituation stellt die Richtlinie 91/440/EWG dar. In dieser wird die Trennung von Infrastruktur und Betrieb vorgeschrieben.[202] Dies ermöglicht den Markteintritt neuer Unternehmen, die mit Hilfe innovativer Konzepte das Trä-

---

[199] Vgl. Baumann/Krössler/Bromberger (2003), S. 221 f.
[200] Vgl. Brauweiler (2010), S. 296
[201] Vgl. Maibach (2000), S. 5
[202] Vgl. Kummer (2006), S. 229 f.

germedium „Schiene" für den Güterverkehr zu neuer Attraktivität führen können. Kritisch muss allerdings die teilweise schlechte Steuerung seitens der öffentlichen Hand betrachtet werden. Diese Problematik kann anhand der schwer defizitären österreichischen Rail Cargo Austria gezeigt werden.[203] Ein Bekenntnis zur Schiene ist enorm wichtig, um in Zukunft externe Kosten der Logistik zu minimieren. Allerdings müssen die richtigen Akzente gesetzt werden, um dieses Ziel auch zu erreichen.

- <u>Forschungsinitiativen</u>: Um dem Ziel eines nachhaltigeren Wirtschaftens gerecht zu werden, müssen die notwendigen Technologien und Denkanstöße gefördert werden. Da ein großer Teil der Forschung von öffentlicher Hand finanziert wird, ist ein deutliches Bekenntnis seitens dieser erforderlich. Seitens der Europäischen Union ist die Initiative Europa 2020 besonders hervorzuheben. In ihr werden fünf Kernziele für das Jahr 2020 formuliert. Es besteht das Bestreben einer intelligenten, nachhaltigen und integrativen Wirtschaft in Europa für das Jahr 2020.[204] Ein wichtiger Vorstoß der Initiative ist, das Bestreben die Forschung nachhaltiger Ansätze als einen Kernbereich der Politik zu formulieren.[205] Die zuvor genannten Kernziele müssen durch die Mitgliedsländer in nationale Ziele umformuliert werden. Die Umsetzung wird von der Europäischen Union überwacht.[206] Österreich strebt eine Steigerung des gesamten Forschungsetats (inkl. Forschungs und Entwicklungsaufwand von Unternehmen) auf 3,76% vom BIP für das Jahr 2020 an.[207] Es bleibt zu hoffen, dass das ehrgeizige Ziel eingehalten wird, und zusätzlich ein beträchtlicher Teil für nachhaltige Entwicklungen aufgewendet wird.[208]

- <u>Förderung effizienter Technologien</u>: Ein weiterer wichtiger Ansatzpunkt für die öffentliche Hand ist die gezielte Förderung leistungsfähiger Technologien im Logistiksektor, die das Ziel der Minimierung externer Kosten verfolgen. Als theoretische Beispiele können gezielte Subventionen und die Schaffung rechtlicher Rahmenbedingungen genannt werden. Als praktisches Beispiel kann das For-

---

[203] Vgl. o.V. (2011c), http://diepresse.com
[204] Vgl. Europäische Kommission (2011a), http://ec.europa.eu
[205] Vgl. Europäische Kommission (2011b), S. 1 ff.
[206] Vgl. Europäische Kommission (2011c), http://ec.europa.eu
[207] Vgl. Bundesministerium für Verkehr, Innovation und Technologie (2011), S. 4 ff.
[208] Interessant dazu: o. V. (2011e): http://derstandard.at

cieren schadstoffärmerer Nutzfahrzeuge angeführt werden.[209] Ein weiterer praktischer Anwendungsfall ergibt sich (wie bereits kurz im Eingang zum Kapitel erwähnt) bei öffentlichen Subventionen. Immer mehr öffentliche Institutionen versuchen ihre Stakeholder zum Kauf eines mit E-Antrieb ausgestatteten Fahrzeuges zu bewegen.[210] Dies setzt an mehreren Punkten an: Es werden die externen Kosten minimiert, eine Vorbildfunktion geleistet und die Stückzahlen der mit E-Antrieb betriebenen Fahrzeuge gesteigert. Die Stückzahlsteigerung stellt wiederum die Grundlage für marktfähige Preise dar, um die weitere Verbreitung von E-Antrieben zu forcieren.

Die drei angeführten Beispiele sind nur ein kleiner Ausschnitt der Möglichkeiten, die sich der öffentlichen Hand, als sich nicht ausschließende Handlungsalternativen, anbieten. Die wohl wichtigste Entwicklung der Zukunft ist eine engere Zusammenarbeit zwischen den einzelnen Ländern. Ein alleiniger Vorstoß eines Landes ist zumeist aus ökonomischer Sicht wachstumshemmend. Wird allerdings eine globale Übereinkunft getroffen, ist jede Volkswirtschaft gleichermaßen an die neuen Auflagen gebunden. Die Logistik leistet einen wichtigen Beitrag für die globale Zusammenarbeit. Erst durch die enge wirtschaftliche- und daher zwangsweise auch logistische Verflechtung werden viele Länder zur Teilnahme an Kooperationen animiert.

Im weiteren Verlauf der Arbeit wird nun von der rahmengebenden öffentlichen Hand auf die betriebliche Ebene gewechselt. Im Folgenden wird das betriebliche Umweltcontrolling auf die Bereitschaft zur Erfassung externer Kosten seitens der Logistik analysiert. Nur ein Zusammenspiel, sowohl von öffentlicher Hand, als auch von der betrieblichen Ebene, garantiert einen nachhaltigen Umgang mit unserer Umwelt.

---

[209] Vgl. o.V. (2009), www.dvz.de
[210] Vgl. Seemann (2011), http://www.cleanenergy-project.de

5. Ausgewählte Methoden zur Erfassung externer Kosten der Logistik seitens des Umweltcontrollings

Nach Analyse der Ansätze zur Internalisierung externer Kosten, die seitens der öffentlichen Hand gesetzt werden, widmen wir uns nun der betrieblichen Ebene. Der Erfolg eines Unternehmens, das am globalen Markt bestehen will, hängt wesentlich von der Leistungsfähigkeit und Flexibilität der angewandten Methoden zur Kostenerfassung ab. Die für uns nun relevante Fragestellung ist, ob bereits Ansätze gefunden wurden, die das Thema der externen Kosten der Logistik ausreichend berücksichtigen und wenn sie berücksichtigt werden, wie die Umsetzung erfolgt. Im folgenden Kapitel werden einige vieldiskutierte Ansätze anhand vorhandener Literatur analysiert und auf ihr Potential zur Erfassung der externen Kosten bewertet.

Bevor jedoch konkrete Methoden analysiert werden, ist es zweckmäßig, den Begriff des Umweltcontrollings noch näher zu erörtern. Stellt sich ein Unternehmen der Herausforderung, nachhaltige Denkweisen in die Unternehmensphilosophie zu integrieren, ist dieser Prozess mit der alleinigen Festsetzung des Ziels nicht abgeschlossen. Es gilt vielmehr, ein leistungsfähiges Umweltcontrolling zur Messung der Kosten und Erlöse zu implementieren. Dieses Unterfangen bedarf natürlich der Ressource Zeit und ist als kontinuierlicher, langfristiger Entwicklungsprozess anzusehen. Der wesentliche Abgrenzungspunkt zwischen klassischem Controlling und Umweltcontrolling bildet die Betrachtung der Kosten. Bei klassischen Ansätzen wird lediglich auf die internalisierten Kosten abgezielt. Umweltcontrolling geht bei Betrachtung des Kostenbegriffes weiter und versucht auch die externen Kosten zu betrachten. Mit der umfangreicheren Betrachtung soll eine Informationsschnittstelle und Entscheidungshilfe für interne Kunden (Managern, Abteilungsleitern) und der Außenwelt geschaffen werden.[211]

---

[211] Vgl. Burschel/Losen/Wiendl (2004), S. 355 f.

5.1. Total Quality Management

Die Zielsetzung eines erfolgreich umgesetzten Total Quality Management (TQM) ist die Qualität von Produkten und Dienstleistungen in allen Unternehmensbereichen zu optimieren. Durch Einbezug aller Mitarbeiter soll dies zu den günstigen Kosten und unter Durchführung kontinuierlicher Prozessverbesserungen zur bestmöglichen Kundenbefriedigung führen.[212] Der Begriff des TQM, der ursprünglich aus der japanischen Unternehmenslehre stammt, kam in den späten 80er-Jahren nach Europa. Der gewünschte Grad der Qualität ist erreicht, wenn alle Kunden des Unternehmens (auch die Mitarbeiter werden als Kunden betrachtet) mit der Unternehmensleistung zufrieden sind.[213]

Die wesentlichsten Grundsäulen eines umfassenden TQM Ansatzes gliedern sich in folgende fünf Punkte:

- Ausgestaltung klarer Unternehmensprinzipien seitens des Topmanagements
- Definition von Strategien, die zur Qualitätssicherung beitragen
- Klare Definition der organisatorischen Zuständigkeiten und der Unternehmensprozesse
- Erarbeitung eines Qualitätssicherungssystems und Implementierung eines aussagekräftigen Informationssystems
- Die Mitarbeiter als Kernkomponente zur Zielerreichung identifizieren und somit umfangreich zu schulen und zu fördern
- Klarer Fokus auf die Konsumenten des Unternehmens. Die Wünsche der Konsumenten sind die Leitpfeiler des TQM Ansatzes.[214,215]

Nach Durcharbeitung der Grundpfeiler von TQM ergibt sich nun für uns die interessante Fragestellung: Werden beim Einsatz von TQM die externen Kosten, die im Produktlebenszyklus entstehen, ausreichend berücksichtigt?

TQM ist kein starres System. Vielmehr zeichnet sich TQM durch die Lenkung durch den Konsumenten und die Mitarbeiter aus. Durch diese Lenkungsfunktion ist es natürlich möglich, den Nachhaltigkeitsaspekt zu berücksichtigen.[216] Allerdings muss beach-

---

[212] Vgl. Rothlauf (2004), S. 50
[213] Vgl. Hartmut (2010), S. 90 f.
[214] Vgl. Hartmut (2010), S. 91
[215] Vgl. Shaukat/ Ying Lim (2006), S. 195 f., von Autor übersetzt
[216] Vgl. Pfohl (1992), S. 6 f.

tet werden, dass der grundsätzliche Gedanke des Umweltschutzes in einem TQM Ansatz nicht angedacht ist, und nur durch die Wirkung durch die soeben genannten Konsumenten angeregt werden kann.[217] Der Wunsch nach Nachhaltigkeit seitens der Konsumenten und Mitarbeiter muss allerdings in einem Mindestumfang gegeben sein. Wird ein ausreichendes Signal in Richtung des Managements gesendet und ist TQM im Unternehmen implementiert, steht einem Einbezug der externen Kosten in den Produktlebenszyklusberechnungen nichts mehr im Wege.[218] Diese Flexibilität in der Ausgestaltung der Unternehmensphilosophie spiegelt einen erfolgreich implementierten TQM Ansatz wieder.

Die alleinige Umsetzung eines TQM Ansatzes ist nicht ausreichend. Die entstehenden Kosten können zumeist nicht gänzlich absorbiert werden. Wesentlich wird dieses Problem durch mangelnde Vergleichbarkeit der TQM Ansätze, die in jedem Unternehmen andere Ausprägungen kennen, getrieben. Es ist für andere Teilnehmer der Supply Chain nicht einsehbar, inwieweit der TQM Ansatz für sie zu einem Nutzengewinn führt. Aus diesem Grund wird seitens der Privatwirtschaft eine Zertifizierung gefordert. Der Wunsch nach einer Zertifizierung bedeutet allerdings nicht, dass eine alleinige Zertifizierung ohne TQM ausreichend wäre. Vielmehr ergänzen sich TQM und ein Zertifizierungssystem, wie zum Beispiel das zuvor in Kapitel 4.5 behandelte EMAS System. Bei Umsetzung einer umfassenden Implementierung sowohl eines TQM Systems als auch eines anerkannten Zertifizierungssystems wird ein Zeichen in Richtung der Marktteilnehmer gesendet das höhere Verkaufspreise rechtfertigt und gleichzeitig den Bedarf nach einem nachhaltigeren Umgang mit der Umwelt befriedigt.[219] Unternehmen, die nicht auf die Signale der Kundengruppen Rücksicht nehmen, und eine umfassende Zertifizierung anstreben, werden in absehbarer Zeit als „Umweltsünder" entlarvt und so über den Marktmechanismus bestraft.[220]

Nach Analyse des TQM Ansatzes kann als wohl größte Schwäche die fehlende Standardisierung genannt werden. Unternehmen, die mit Hilfe von TQM die externen Kosten der Logistik internalisieren wollen, müssen auf ein anerkanntes Zertifizierungssystem zurückgreifen, um den anderen Marktteilnehmern die nachhaltige Ausrichtung des Unternehmens zu gewährleisten. Dies stellt einen erheblichen Mehraufwand dar und kann abschreckend wirken. Als großer Vorteil des TQM Ansatzes kann die flexible Ausgestaltung genannt werden. Es ist jederzeit möglich, Adaptierungen in Bezug auf

---

[217] Vgl. Rothlauf (2004), S. 459
[218] Vgl. Pfohl (1992), S. 6 f.
[219] Vgl. Rothlauf (2004), S. 450 ff.
[220] Vgl. Rothlauf (2004), S. 464

die Berücksichtigung der externen Kosten vorzunehmen. Das wohl wichtigste Fazit nach Analyse des TQM Ansatzes ist, dass ein Signal in Richtung mehr Nachhaltigkeit nur von den Konsumenten des Unternehmens ausgehen kann. Ob dies als positiv oder negativ betrachtet werden soll, ist nicht eindeutig zuordenbar und gibt Raum zur Diskussion.

In Folge werden weitere Modelle, die aktuell im betrieblichen Kontext angewendet werden, analysiert. Den nächsten Schritt stellt das Life Cycle Costing (LCC) bzw. die Total Cost of Ownership (TCO) Methode dar.

5.2. Life Cycle Costing und Total Cost of Ownership

Die Ursprünge der Lebenszykluskosten oder auch des Life Cycle Costings liegen bereits in den 1960er Jahren, in denen die Berechnungsmethode erstmals für militärische Investitionen verwendet wurde. Im Zeitverlauf fand eine ständige Weiterentwicklung der Methodik statt und der Anwendungsbereich wuchs weit über das Militär hinaus.[221] Die Betrachtung der LCC kann dabei aufgrund von zwei Gesichtspunkten erfolgen. Einerseits können die LCC, die bei Kundennutzung anfallen, analysiert werden. Andererseits besteht die Möglichkeit der Betrachtung von LCC aus Unternehmenssicht. Die Kundensicht wird vor allem bei Investitionsgütern, wie Fahrzeugen oder Immobilien, gewählt. Es können höhere Anschaffungskosten mit Betrachtung der gesamten LCC gerechtfertigt werden. Als Beispiel können die höheren Anschaffungskosten eines Dieselfahrzeuges genannt werden. Ab einer gewissen Beanspruchungsintensität sind die LCC geringer als bei einem mit Benzin betriebenen Fahrzeug. Bei Analyse der Lebenszykluskosten aus Kundensicht bleiben zumeist die externen Kosten unberücksichtigt.[222]

Für unsere weitere Betrachtung wenden wir uns allerdings, der für uns relevanteren Unternehmenssicht der Lebenszyklusrechnung zu. Werden die externen Kosten der Logistik berücksichtigt?

Bei Anwendung einer Lebenszyklusrechnung wird auf eine Betrachtung der Geldströme im Zeitverlauf abgezielt. Das zu betrachtende Gut wird als Investition angesehen

---

[221] Vgl. Herrmann (2010), S. 132
[222] Vgl. Götz (2010), S. 310

und die erhobenen Geldströme mittels eines Zinsfußes auf das aktuelle Datum abgezinst. Es kann zwischen Lebenszyklusrechnungen im engeren und im weiteren Sinn unterschieden werden. Bei einer engeren Betrachtung erfolgt eine lediglich Betrachtung der Kosten (=Auszahlungen), die im Produktverlauf entstehen. Bei einer Betrachtung im weiteren Sinne werden auch die Erlöse (=Einzahlungen) in die Betrachtung aufgenommen. Seitens der Literatur werden verschiedene Ansätze zur Untergliederung und Aufnahme der Kosten genannt. Es besteht die Möglichkeit, die Kosten in verschiedene Phasen zu unterteilen. Es muss natürlich erst geklärt werden, welche Kosten überhaupt in die Betrachtung aufgenommen werden. Es ist zweckmäßig, die Kosten entweder in Anfangs- und Folgekosten, oder in Vorlauf-, laufende- und Nachsorgekosten zu unterteilen. In jedem dieser Elemente besteht ein weiter Spielraum für ein Unternehmen im Bezug auf Auswahl der relevanten Kosten.[223] Es ist durch die flexible Gestaltung einer Lebenszyklusrechnung grundsätzlich möglich, die externen Kosten zu berücksichtigen. Dies kann durch die Unterteilung in einzelne Phasen oder auch nur in einzelunternehmerischen Teilbereichen erfolgen (z.B. nur Betrachtung der Logistischen Folgekosten). Auch eine Betrachtung nur eines externen Einflusses (z.B Emission von CO^2) ist natürlich möglich. Allerdings muss auch, wie bei allen anderen Methoden, ein geeigneter Umgang mit dem Problem der Quantifizierung und Monetarisierung (mehr dazu im Kapitel 2.3) der externen Kosten gefunden werden.

Eine umfassendere Betrachtung, die über die Betrachtung von Investitionsgütern hinausgeht, bildet der Total Cost of Ownership (TCO) Ansatz. Bei Anwendung von TCO erfolgt ein Miteinbezug der Transaktionskosten zwischen dem eigenen Unternehmen und den Zulieferern im Ablauf des Produktlebenszyklus. Somit können einzelne Produkte (z.B.: Autoscheibe) auf die ganzheitlichen Kosten analysiert werden. Der zuvor erörterte LCC Ansatz dient dabei als mit einzubeziehender Rechenwert.[224]

Bei Anwendung einer TCO Analyse werden im Wesentlichen folgende Kosten unterschieden:

- <u>Kosten vor Vertragsabschluss:</u> Lieferantenanbindung, Lieferantenförderung, Vorverhandlungen, Lieferantenanalyse,.... [225]

---

[223] Vgl. Herrmann (2010), S. 132 f.
[224] Vgl. Geißdörfer (2009) S. 17 ff.
[225] Vgl. Wannenwetsch (2010), S. 106 ff.

- Kosten der Vertragsdurchführung: Einstandspreis, Transportkosten, Qualitätsprüfung, Zölle,....[226]

- Kosten nach Vertragsabschluss: Lagerung, Verpackung, Recycling, Garantieleistungen,....[227]

Die Ausgestaltung der konkreten internen Kostenrechnung steht natürlich jeder Unternehmung frei. Bei Betrachtung des LCC und weiterführend des TCO Ansatzes kann allerdings analysiert werden, dass beiden Instrumente die Möglichkeit zur Miteinbeziehung der externen Kosten der Logistik bieten. In jedem Kostenrechnungsblock werden Elemente wie Transport und Recyclingkosten als für die Kostenrechnung relevante Größe Identifiziert. Falls sich ein Unternehmen dazu entschließt, die externen Kosten in die Kostenrechnung miteinzubeziehen, müssen die dabei entstehenden höheren Kosten allerdings gedeckt werden. Ein weiteres unterstützendes und öffentlichkeitswirksames Element der Umweltkostenrechnung wird im nächsten Kapitel anschaulich dargestellt.

5.3. Ökobilanzen

Als letzten Punkt in der Analyse wird nun auf das Thema der Ökobilanzen eingegangen.

Der Begriff der Ökobilanz ist gleichzusetzen mit seinem englischen Pendant dem Life Cycle Assessment (LCA). Die beiden Begriffe werden in der Literatur weitgehend als Synonym betrachtet. Bei Erhebung einer Ökobilanz werden die möglichen Umweltauswirkungen eines Produktes im Produktlebenszyklus erhoben. Bei der Betrachtung werden alle Produktionsschritte, Prozesse, Emissionen und Wiederverwertungskosten, die an der Wertschöpfung bzw. später beim Konsum relevant sind, betrachtet. Der wesentliche Vorteil der umfassenden Betrachtungsweise ist die Abbildung der gesamten Einflüsse (inklusive der externen Kosten), die von einem Produkt auf seine Umwelt ausgehen.[228] Wichtig ist im Zusammenhang mit der Erstellung einer Ökobilanz, die Handhabung der von Vorlieferanten bezogenen Leistungen. Im Speziellen ist hier die

---
[226] Vgl. Wannenwetsch (2010), S. 106 ff.
[227] Vgl. Wannenwetsch (2010), S. 106 ff.
[228] Vgl. Kranert/Cord-Landwehr (2010), S. 536

Problematik der Beurteilung der Umweltwirkungen von bezogenen Vorleistungen gemeint.[229]

Die Ursprünge der Ökobilanzierung liegen in den 70er Jahren. Durch das durchaus frühe Aufkeimen dieses Ansatzes haben viele Unternehmen verstanden, sich die Ökobilanzierung zu ihrem Nutzen anzuwenden.[230] Dieser liegt im Wesentlichen in der Öffentlichkeitswirkung und der Identifikation von Effizienzpotentialen im Bezug auf Produktion und Umwelt.[231]

Ein Problem, mit dem Unternehmen seit dem Bestehen der Ökobilanzen zu kämpfen haben, ist die Vergleichbarkeit der erhobenen Daten. Es ist durchaus möglich, dass zwei idente Produkte verschiedene Ökobilanzen aufweisen. Um eine bessere Vergleichbarkeit zu gewährleisten, wurde seitens der International Organization for Standartization (ISO) die Problematik aufgegriffen, und eine einheitliche ISO Normenreihe (ISO 14040 ff.[232]) geschaffen. Durch Schaffung dieser „Leitlinien" soll ein möglichst hoher Grad der Standardisierung gewährleistet sein. Die Bestrebung zur Standardisierung setzt an zwei Punkten an. Einerseits wird die Erhebung der relevanten Daten im Zeitverlauf vereinfacht, da bereits auf standardisierte Daten zurückgegriffen werden kann. Andererseits werden die Interessensgruppen mit weitgehend vergleichbaren Datensätzen bedient. Allerdings wird seitens der Literatur das Problem der Vergleichbarkeit der verschiedenen Ökobilanzen immer noch als Verbesserungspotential genannt.[233]

Um ein möglichst übersichtliches Bild über den Ablauf einer Ökobilanzierung zu zeichnen, werden nun kurz die einzelnen Schritte anhand der DIN EN ISO 14040:2006, die zur vollständigen Erhebung notwendig sind, analysiert. Es werden vier verschiedene Stufen unterschieden.

- <u>Zieldefinition:</u> Die Definition der Systemgrenzen und der zu adressierenden Zielgruppen steht am Beginn einer Ökobilanz. Es kann grundsätzlich zwischen vier Systemgrenzen unterschieden werden. Sie unterscheiden sich im Umfang der Erhebung. Bei Erhebung einer Produktbilanz wird der gesamte Produktlebenszyklus eines Produktes betrachtet. Wird auf eine Prozessbilanz abgezielt,

---

[229] Vgl. Müller (2010), S. 140 f.
[230] Vgl. Kranert/Cord-Landwehr (2010), S. 536
[231] Vgl. Burschel/Losen/Wiendl (2004), S. 381
[232] Dazu interessant: Finkbeiner et al. (2006), S. 80 f.
[233] Vgl. Feifel/Walk/Wursthorn (2010), S. 46 ff.

wird innerhalb eines klar abgrenzbaren Prozesses die Summe der Umweltwirkungen erhoben. Bei Erstellung einer Betriebsbilanz werden sämtliche, den Betrieb durchlaufende, Posten analysiert. Die komplexeste Erhebung einer Ökobilanz stellt schließlich die Standortbilanz dar. In ihr werden sämtliche dauerhaften Umwelteinflüsse (Bodenversiegelung, Verwaltungsgebäude,...) und die Betriebsbilanz in die Berechnung mit einbezogen.[234,235]

- Sachbilanz: Ziel der Sachbilanz ist eine komplette Erfassung sämtlicher Stoff und Energieflüsse, die bei der jeweilig gewählten Bilanzierungsmethode auftreten. Dies umfasst alle Rohstoffe inklusive bezogener Vorleistungen und weiterführend alle im Produktlebenszyklus entstehenden direkten und indirekten Umweltauswirkungen (Emissionen,..). Bei der Erhebung können bereits erste Einsparungs- und Effizienzpotentiale aufgedeckt werden.[236,237]

- Wirkungsabschätzung: In der dritten Stufe erfolgt eine konkrete Kategorisierung der Umweltauswirkung. Es gibt verschiedene Grade der Schädigung d.h. Methan ist viel schädlicher als Kohlendioxid. Nach Klassifizierung der Umweltauswirkung werden diese mit teilweise normierten Wirkungsäquivalenten multipliziert. Nach der Multiplikation entsteht ein gewichtbarer Wert, der nun zur Bewertung verwendet werden kann.[238,239]

- Bewertung: Die Bewertung der erhobenen Daten stellt die vierte und letzte Stufe der Erhebung dar. Es erfolgt eine Verknüpfung der zuvor erhobenen Daten mit einem persönlichen Wertesystem. Wie die Bezeichnung persönliches Wertesystem bereits vermuten lässt, ist die abschließende Wertung nicht normiert und daher bleibt ein Spielraum für das schlussendliche Bewertungsurteil.[240,241] Diese Möglichkeit der subjektiven Beurteilung ist allerdings nicht nur als Nachteil aufzufassen, vielmehr kann seitens eines Unternehmens auf einen beson-

---

[234] Vgl. Burschel/Losen/Wiendl (2004), S. 382 f.
[235] Vgl. Günther (2008), S. 289 f.
[236] Vgl. Burschel/Losen/Wiendl (2004), S. 384
[237] Vgl. Günther (2008), S. 290
[238] Vgl. Burschel/Losen/Wiendl (2004), S. 384
[239] Vgl. Günther (2008), S. 290 f.
[240] Vgl. Burschel/Losen/Wiendl (2004), S. 384.
[241] Vgl. Günther (2008), S. 291

deren Effekt ein Augenmerk gelegt werden. Als Beispiel kann die Bewertung der Treibhausgase bei Transportvorgängen genannt werden.

Während sämtlicher Stufen kann natürlich eine Rückmeldung bzw. Adjustierung der vorigen Stufen erfolgen. Somit können neue Erkenntnisse sofort berücksichtigt werden. Bereits während der Erhebung können Einsparungspotentiale identifiziert und berücksichtigt werden. In Abbildung 3 werden die einzelnen Erhebungsstufen und deren flexible Beziehung zueinander kurz grafisch abgebildet.

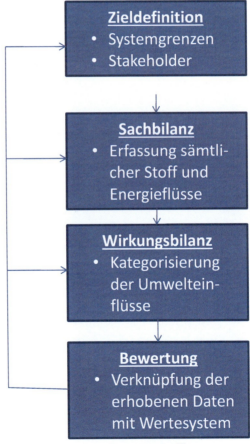

Abbildung 5: Ablauf einer Ökobilanzierung[242]

---

[242] Vgl. Günther (2008), S. 289

In jedem der vier Bereiche werden auch die externen Kosten der Logistik miteinbezogen. Es lässt sich daher nach Analyse der Erhebungsmethode der Umwelteffekte über das Hilfsmittel der Ökobilanzen klar ein Aufzeigen der externen Kosten der Logistik resümieren. Zukünftige Herausforderungen der Ökobilanzierung bestehen im Wesentlichen in einer weiteren Standardisierung und einer breiteren Anwendung in der Industrie und Dienstleistungsbranche.

Wie bereits in den vorigen Kapiteln, im Speziellen bei TQM besonders hervorgehoben, ist die Rolle der Konsumenten die Wesentlichste. Er entscheidet schlussendlich über den Kauf des Produktes oder der Dienstleistung. Viele Unternehmen, die mit Imageproblemen zu kämpfen haben, versuchen in letzter Zeit durch besondere Betrachtung des Faktors Umwelt, sich von der breiten Maße abzuheben. Als Beispiel ist in diesem Zusammenhang der Handelskonzern Walmart zu nennen, der seit 2009 enorme Bemühungen in Richtung Ökobilanzierung betreibt.[243,244] Es wird versucht, eine Ökokennzeichnung für sämtliche Produkte einzuführen. Dass der Druck, diese Imagekorrektur vorzunehmen, schlussendlich vom Konsumenten stammt, ist offensichtlich. Mit dem Instrument der Ökobilanzierung liegt ein geeignetes Werkzeug vor, um die externen Kosten der Logistik aufzuzeigen und zu internalisieren. Der Druck, der Unternehmen zur Umsetzung der Ökobilanzierung bewegt, muss allerdings vom Konsumenten oder der öffentlichen Hand erfolgen.

5.4. Zukünftige Entwicklungen

In diesem Kapitel haben wir uns bisher mit bereits bestehenden Ansätzen des Umweltcontrollings auseinandergesetzt. Nun soll zum Abschluss auch noch ein Ausblick über zukünftige Entwicklungen gegeben werden.

Als eine wesentliche Herausforderung kann ein weiterer Schritt in Richtung einer ganzheitlichen auf Nachhaltigkeit ausgerichteten Marktwirtschaft, gesehen werden. Wie in Kapitel 3.1.1. näher ausgeführt, kann Nachhaltigkeit in die drei Bereiche ökologische-, ökonomische- und soziale- Nachhaltigkeit untergliedert werden. Durch die Implementierung eines leistungsfähigen Umweltcontrollings ist die Messbarkeit dieser Aspekte

---

[243] Vgl. Walmart (2009), http://walmartstores.com, von Autor übersetzt
[244] Kritisch dazu: Free (2009), www.zeit.de

möglich. Ist eine Umsetzung erfolgreich, muss in weiterer Zukunft über die Grenzen der Unternehmung hinaus auf das Umfeld bzw. die Marktwirtschaft eingewirkt werden.[245] Durch die Kenntnis und Kontrolle der tatsächlichen Kosten eines Produktes im Verlauf seines Lebenszyklus ist es möglich, den Marktteilnehmern den Mehrwert und die damit gestiegenen Verkaufskosten zu belegen, und somit für die notwendige Zahlungsbereitschaft zu sorgen.

Als weitere zukünftige Entwicklung kann die genauere Quantifizierung und Monetarisierung der externen Kosten im Logistiksektor gesehen werden. Durch die Möglichkeit, das Umweltcontrolling individuell auf das Unternehmen anzupassen, wird oft mit falschen oder geschönten Kosten für die externen Effekte kalkuliert. Es sind wie ausgeführt komplexe Standardisierungen der Rechenäquivalenten vorzunehmen, allerdings muss dies in Zukunft erfolgen, um eine gemeinsame Wissens- und Rechenbasis zur Verfügung zu haben.[246]

Im Bezug auf die einzelnen vorgestellten Methoden ist zwar positiv hervorzuheben, dass bei allen die Möglichkeit bzw. das Bestreben herrscht, die externen Kosten der Logistik zu erfassen. Ob dies allerdings im vollen Umfang erfolgt, bleibt zu bezweifeln. Durch die flexible Ausgestaltung der Abläufe eines Unternehmens ist es nicht zielführend die Methode des Umweltcontrollings zu stark zu standardisieren. Daher muss als zukünftige Entwicklung im Bereich des Umweltcontrollings auf das Unternehmen und seine Einstellung zur Umwelt selbst bedacht werden. Die analysierten Methoden bieten die Möglichkeit zur Erfassung der externen Kosten der Logistik. Ob diese Möglichkeit wahrgenommen wird, liegt letztlich allerdings beim Unternehmen.

---

[245] Vgl. Burschel/Losen/Wiendl (2004), S. 579 ff.
[246] Vgl. Neuhaus (2008), S. 249 f.

6. Conclusio

Die Umwelt rückt immer mehr in den Mittelpunkt von Konsumentscheidungen. Getrieben von Ängsten über die Zukunft der folgenden Generationen und bereits vorherrschenden extremen Wetterkapriolen, sehen sich sowohl die öffentliche Hand als auch Unternehmen gefordert, leistungsfähige Methoden für ein nachhaltiges Zusammenleben zu finden. Die Ansatzpunkte sind scheinbar „nicht-enden-wollend", daher muss bei den größten Problemfeldern begonnen werden. Durch die rasante Globalisierung und die einhergehende steigende Mobilität und Güternachfrage werden logistische Dienstleistungen zu einem immer wichtigeren Gut. Diese Mobilität ist mit hohen Emissionen verbunden. Die vorliegende Arbeit hat sich mit der Problematik der externen Kosten der Logistik befasst. Nun sollen die wesentlichsten Erkenntnisse der Arbeit kurz ausgeführt und ein Ausblick in die Zukunft gegeben werden.

Als ein Wurzelproblem bei der Anlastung der externen Effekte wurden die unterschiedlichen Stakeholder Interessen analysiert. Werden konsensfähige Lösungen erarbeitet müssen die externen Effekte in Kosten konvertiert werden. Die wesentliche Schwierigkeit liegt in der Definition der verträglichen Emissionsmengen. Es ist nur unter Unsicherheit abschätzbar ab welcher Emissionsmenge ein bleibender Schaden für die Umwelt entsteht. In weiterer Folge ist auch die Monetarisierung der Mengengerüste mit Problemen belastet. Trotz dieser Problematik wurden schon vereinzelt leistungsfähige Ansätze zur Internalisierung externer Kosten umgesetzt. Das Umweltmanagementsystem EMAS kann als Vorstoß in Richtung Abwägung aller Stakeholder Interessen gesehen werden.

Ein weiterer Ansatzpunkt für Diskussionen stellt das globale Vorgehen im Bezug auf Nachhaltigkeit dar. In dieser Arbeit wurde der Fokus hauptsächlich auf europäischen Kontext bezogen. Die Analysen haben gezeigt, dass Europa in Bezug auf Nachhaltigkeit umfangreiche Themenschwerpunkte gesetzt hat. Wird der Status quo des Umweltschutzes genauer abgewogen, sind wir jedoch noch am Anfang eines mühsamen Weges. Wie die Ausführung zur Wegekostenrichtlinie gezeigt hat, wird die Beachtung externer Kosten des Straßenverkehrs lediglich ermöglicht. Von einer tatsächlichen europaweiten Internalisierung sind wir noch weit entfernt. Einen weiteren Kritikpunkt bildet die zwar gut gemeinte, aber mangelhaft ausgeführte Altautorichtlinie. Aus europäischer Sicht werden die Ziele der Rückführung der Rohstoffe zwar erfüllt, der Anteil der Altautos, die in ärmeren Ländern ihren zweiten Lebensabend bestreiten, ist allerdings nicht zu unterschätzen. Es muss global für einen besseren Umweltschutz vorgegangen werden. Klima kennt keine Grenzen!

Als zukünftige Handlungsansätze ist eine, über den Flugverkehr hinaus reichende, Integration des Verkehrs in das ETS anzustreben. Dabei können Ansätze auch über den Güterverkehr hinaus in den Individualverkehr angedacht werden. Weiters könnte eine flächendeckende EMAS Zertifizierung für alle am Warenaustausch teilnehmenden Unternehmen angeregt werden. Im Bezug auf die Unternehmensebene konnten bereits vorhandene Ansätze des Umweltcontrollings auf die Möglichkeit, die externen Kosten aufzuzeigen und vielmehr noch zu internalisieren, analysiert werden. Als wesentliche zukünftige Herausforderung für das betriebliche Umweltcontrolling kann die Standardisierung der monetären Größen für Umwelteinflüsse genannt werden. Dies würde die Grundlage zum Benchmarking zwischen Unternehmen darstellen. Ein Vergleich der Effizienz einzelner getätigter Maßnahmen zum Umweltschutz würde möglich werden und eine höhere Transparenz für den Konsumenten wäre möglich. Der Konflikt zwischen Ökonomie und Ökologie ist schwer zu leugnen. Wie die Wirtschaftskrise gezeigt hat ist Ökologie allerdings das beständigere System. Dies sollte berücksichtigt werden.

Wir können im Endeffekt selbst entscheiden, wie wir unsere Zukunft gestalten. Auch ein kleiner Schritt in Richtung Nachhaltigkeit kann ein Beitrag sein. Die individuelle Gestaltung ist selbstverständlich jedem Einzelnen überlassen.

7. Literaturverzeichnis

Aberle, G. (2009): Transportwirtschaft: Einzelwirtschaftliche und Gesamtwirtschaftliche Grundlagen, 5. Auflage, Oldenbourg Verlag, München

Arbeiter Kammer Europa (2011): Luftverschmutzungs- und Lärmkosten können künftig bei der LKW-Maut berücksichtigt werden, in http://www.akeuropa.eu/de/luftverschmutzungs-und-laermkosten-koennen-kuenftig-bei-der-lkw-maut-beruecksichtigt-werden.html?cmp_id=7&news_id=944, (11.05.2011)

Arnold, D. et al (2008): Handbuch Logistik, 3. Auflage, Springer Verlag, Berlin

Bahner, O. (2001): Innovationswirkungen normierter Umweltmanagementsysteme, 1. Auflage, Gabler Verlag, Wiesbaden

Baumgartner et al (2010): Europäisches und öffentliches Wirtschaftsrecht I, 7. Auflage, Springer Verlag, Wien

Baumann, W./ Kössler, W./ Promberger K. (2003): Betriebliche Umweltmanagementsysteme, Linde Verlag, Wien

Brauweiler, J. (2010): Umweltmanagementsysteme nach ISO 14001 und EMAS, in Kramer, M. (Hrsg.): Integratives Umweltmanagement, 1.Auflage, Gabler Verlag, Wiesbaden, S. 279-299

Bretzke, W. R. (2010): Logistische Netzwerke, 2. Auflage, Springer Verlag, Heidelberg

Bretzke, W. R./ Barkawi, K. (2010): Nachhaltige Logistik: Antworten auf eine Globale Herausforderung, 1. Auflage, Springer Verlag, Berlin

Bundesministerium für Verkehr, Innovation und Technologie (2011): Der Weg zum Innovativen Leader: Strategie der Bundesregierung für Forschung, Technologie und Innovation, in http://www.bmvit.gv.at/service/publikationen/innovation/downloads/fti_strategie.pdf, (27.04.2011)

Burschel, C./ Losen, D./ Wiendl, A. (2004): Betriebswirtschaftslehre der Nachhaltigen Unternehmung, 1. Auflage, Oldenbourg Verlag, München

Cezanne, W. (2005): Allgemeine Volkswirtschaftslehre, 6. Auflage, Oldenbourg Verlag, München

Coase, R. H. (1960): The Problem of Social Cost, Journal of Law and Economics, Jg. 60, Nr. 3, S 1-44

Cunnane, P. (2011): Eurovignette directive could become law by autumn, in http://www.roadtransport.com/Articles/2011/05/10/138711/Eurovignette-directive-could-become-law-by-autumn.htm, (11.05.2011)

Dimitroff-Regatschnig H./ Nowak, C. (2008): Ist-Analyse: direkte und indirekte Umweltaspekte- Darstellung der Ziele und Maßnahmen im Umweltprogramm, in http://www.emas.gv.at/filemanager/download/38199/ (11.04.2011)

Donges, J. B./Freytag, A. (2004): Allgemeine Wirtschaftspolitik, 2. Auflage, Lucius und Lucius Verlag, Stuttgart

EG-RL 1999/62/EG: Richtlinie des Europäischen Parlament und des Rates: Richtlinie vom 17. Juni 1999 über die Erhebung von Gebühren für die Benutzung bestimmter Verkehrswege durch schwere Fahrzeuge, Abl. Nr. L187 vom 20. Juli 1999

EG-RL 2000/53: Richtlinie des Europäischen Parlaments und des Rates: Richtlinie vom 18. September 2010 über Altfahrzeuge, Abl. Nr. L269/34 vom 21. Oktober 2000

EG-RL 2006/38/EG: Richtlinie des Europäischen Parlaments und des Rates: zur Änderung der Richtlinie 1999/62/EG über die Erhebung von Gebühren für die Benutzung bestimmter Verkehrswege durch schwere Fahrzeuge, Abl. Nr. 157/8 vom 9. Juni 2006

EG-VO 1221/2009: Verordnung der Europäischen Gemeinschaft und des Rates: Verordnung vom 25.11.2009 über die freiwillige Teilnahme von Organisationen an einem Gemeinschaftssystem für Umweltmanagement und Umweltbetriebsprüfung und zur Aufhebung der Verordnung (EG) Nr. 761/2001, sowie der Beschlüsse der Kommission 2001/681/EG und 2006/193/EG, Abl. Nr. L342/1 vom 22. Dezember 2009

European Commission (2008): Directive of the European Parliament and the council amending directive 1999/62/EC on the charging of heavy goods vehicles for the use of certain infrastructures, COD Nr. 2008/0147 from 8 July 2008

European Commission (2010): Emission Trading System (EU ETS), in http://ec.europa.eu/clima/policies/ets/index_en.htm, (12.05.2011)

European Commission (2011a): Allocation of aviation allowances, in http://ec.europa.eu/clima/policies/transport/aviation/allowances_en.htm, (13.05.2011)

European Commission (2011b): Reducing emissions from the shipping sector, in http://ec.europa.eu/clima/policies/transport/shipping/index_en.htm, (13.05.2011)

Einbock, M. (2007): Die fahrleistungsabhängige LKW- Maut, 1. Auflage, GWV Fachverlag, Wiesbaden

European Environment Agency (2011): Internalization of external costs: Policy context and Targets, in http://www.eea.europa.eu/data-and-maps/indicators/internalisation-of-external-costs-1, (13.05.2011)

Europäische Kommission (2011a): Europa 2020, in http://ec.europa.eu/europe2020/index_de.htm, (27.04.2011)

Europäische Kommission (2011b): Ressourcenschonendes Europa – eine Leitinitiative innerhalb der Strategie Europa 2020, in http://ec.europa.eu/resource-efficient-europe/pdf/resource_efficient_europe_de.pdf, (27.04.2011)

Europäische Kommission (2011c): EU-Weite Ziele, in http://ec.europa.eu/europe2020/targets/eu-targets/index_de.htm, (27.04.2011)

Europäisches Parlament (2011): Parlamentarische Weichenstellung für das EU-Klimaschutzpaket 2020, in http://www.europarl.europa.eu/sides/getDoc.do?language=de&type=IM-PRESS&reference=20080825FCS35404#title3, (13.05.2011)

Europäisches Parlament (2011): Wegekostenrichtlinie: Verkehrsausschuss verabschiedet Kompromiss für faire LKW-Maut, in http://www.europarl.europa.eu/de/pressroom/content/20110411IPR17408/html/Wegekostenrichtlinie-Kompromiss-f%C3%BCr-eine-faire-Lkw-Maut, (11.05.2011)

Europäische Union (2011a): 2000 bis heute: Ein Jahrzehnt weiterer Ausdehnung, in http://europa.eu/abc/history/2000_today/index_de.htm, (09.05.2011)

Europäische Union (2011b): Der Vertrag von Lissabon auf einen Blick, in http://europa.eu/lisbon_treaty/glance/index_de.htm, (09.05.2011)

Europäische Union (2011c): Die Beschlussfassung der EU, in http://europa.eu/institutions/decision-making/index_de.htm, (09.05.2011)

Feifel, S./ Walk, W./ Wursthorn, S. (2010): Die Ökobilanz im Spannungsfeld zwischen Exaktheit, Durchführbarkeit und Kommunizierbarkeit, in: Umweltwissenschaft und Schadstoffforschung, 2010, Vol. 22, No. 1, S. 46-55

Finkbeiner, M. et al (2006): The new international Standards for Life Cycle Assessment: ISO 14040 and ISO 14044, in: The International Journal of Life Cycle Assessment, 2006, Vol. 11, No. 2, S. 80-85

Free, J. (2009): "Walmarts Index Initiative ist gut gemeint", in http://www.zeit.de/online/2009/34/walmart-nachhaltigkeitsindex-interview, (21.04.2011)

Gawel, E. (2009): Grundzüge der mikroökonomischen Theorie Band 1, 1. Auflage, Josef EUL Verlag, Lohmar

Geißdörfer, K. (2009): Total Cost of Ownership (TCO) und Life Cycle Costing (LCC): Einsatz und Modelle: ein Vergleich zwischen Deutschland und USA, 1. Auflage, LIT Verlag, Berlin

Guida, J. J. (2007): Internationale Volkswirtschaftslehre: Eine Empirische Einführung, 1. Auflage, Kohlhammer Verlag, Stuttgart

Götz, U. (2010): Kostenrechnung und Kostenmanagement, 5. Auflage, Springer Verlag, Berlin

Günther, E. (2008): Ökologieorientiertes Management, 1. Auflage, Lucius & Lucius Verlag, Stuttgart

Hahn, T. (2005): Gesellschaftliches Engagement von Unternehmen: Reziproke Stakeholder, ökonomische Anreize, strategische Gestaltungsoptionen, 1. Auflage, Deutscher Universitätsverlag/GWV Fachverlag, Wiesbaden

Hartmut, W. (2010): Supply Chain Management: Grundlagen, Strategien, Instrumente und Controlling, 4. Auflage, Gabler Verlag, Wiesbaden

Hartwig, K-H/ Marner, T. (2005): Maut für alle? – Straßenbenutzungsgebühren auch für PKW?, in: Wirtschaftsdienst, 2005, Volume 85, Nummer 2, Seiten 102-108

Hauff, v. M./ Kleine, A. (2009): Nachhaltige Entwicklung: Grundlagen und Umsetzung, 1. Auflage, Oldenbourg Verlag, München

Herrmann, C. (2010): Ganzheitliches Life Cycle Management: Nachhaltigkeit und Lebenszyklusorientierung in Unternehmen, 1. Auflage, Springer Verlag, Heidelberg/Berlin

Höhmann, I. (2007): Altautos fahren in den Osten, in http://www.handelsblatt.com/auto/nachrichten/altautos-fahren-in-den-osten/2873836.html, (11.05.2011)

Hummer, W. / Obwexer, W. (2006): 10 Jahre EU Mitgliedschaft Österreichs: Bilanz und Ausblick, 1. Auflage, Springer Verlag, Wien

Kranert, M./ Cord-Landwehr, K. (2010): Einführung in die Abfallwirtschaft, 4. Auflage, Vieweg + Teubner Verlag/ GWV Fachverlage GmbH, Wiesbaden

Kummer, S. (2006): Einführung in die Verkehrswirtschaft, 1. Auflage, WUV Verlag, Wien

Kummer, S./ Schramm, H-J/ Sudy, I. (2009): Internationales Transport und Logistikmanagement, 2. Auflage, WUV Verlag, Wien

Land Salzburg (2011): Verkehrspolitik: Eurovignetten-Richtlinie (Wegekostenrichtlinie) – Internalisierung der externen Kosten in die LKW-Maut, in Extrablatt aus dem EU-Verbindungsbüro, Nr. 60, Februar März 2011, S. 3-4, in http://www.salzburg.gv.at/eu-extrablatt_60.pdf, (11.05.2011)

Langer, G. (2011): Unternehmen und Nachhaltigkeit: Analyse und Weiterentwicklung aus der Perspektive der wissensbasierten Theorie der Unternehmung, 1. Auflage, Gabler Verlag, Wiesbaden

Lueg, B. (2010): Ökonomik des Handels mit Umweltrechten: Umweltökonomische Grundlagen, Instrumente und Wirkungen – insbesondere in der EU, 1. Auflage, Peter Lang Verlag, Frankfurt

Maibach, M. (2000): Externe Kosten des Verkehrs, in http://www.infras.ch/downloadpdf.php?filename=z-620d.pdf (07.04.2011)

Maibach, M. et al (2007): Handbook on estimation of external cost in the transport sector, in http://ec.europa.eu/transport/sustainable/doc/2008_costs_handbook.pdf (13.04.2011)

Markewitz, P. / Matthes, F. Chr. (2008): Politikszenarien für Klimaschutz IV, Szenarien bis 2030, 1. Auflage, Forschungszentrum Jülich, Jülich

Michaelis, P. (2007): Kosteninternalisierung im Straßenverkehr – eine Umweltökonomische Begründung, in 2. Greifswalder Forum Umwelt und Verkehr 2006: Fairer Preis für Mobilität, Lexxion Verlag, Berlin, 2007, S. 1-30

Müller, A. (2010): Umweltorientiertes Betriebliches Rechnungswesen, 3. Auflage, Oldenbourg Verlag, München

Neuhaus, D. (2008): Öko-Controlling: Umweltorientierte Unternehmensführung und ökologische , in: Controlling und Management, 52. Jg. (2008), Nr. 4, S. 246-250

Neuhofer, H. (1998): Gemeinderecht, 2. Auflage, Springer Verlag, Wien

o.V. (2009): Euro-6-Norm macht LKW teurer, in http://www.dvz.de/news/politik/artikel/id/euro-6-norm-macht-lkw-teurer.html, (29.04.2011)

o.V. (2010a): ÖBB Chef: „Wir können nicht so weitermachen.", in http://diepresse.com/home/wirtschaft/international/593769/OeBBChef_Wir-koennen-so-nichtweiterma-chen?direct=596402&_vl_backlink=/home/wirtschaft/economist/595630/index.do&selChannel= , (25.03.2011)

o.V. (2010b): Firmen setzen trotz Krise auf Nachhaltigkeit, in http://www.handelsblatt.com/unternehmen/management/strategie/firmen-setzen-trotz-krise-auf-nachhaltigkeit/3393452.html?p3393452=2 (29.03.2011) o.V. (2011a): Kernenergie: Experten streiten über Regeln für AKW Sicherheit, in http://www.zeit.de/wissen/2011-03/akw-sichherheit-regeln?page=3 (29.03.2011)

o.V. (2011b): So sieht die neue „Eurovignetten" Richtlinie im Detail aus, in http://diepresse.com/home/politik/eu/602407/So-sieht-die-neue-EurovignettenRichtlinie-im-Detail-aus, (11.05.2011)

o.V. (2011c): ÖBB: „Gütersparte steht am Rande des Konkurses", in http://diepresse.com/home/wirtschaft/economist/650172/OeBB_Guetersparte-steht-am-Rande-des-Konkurses, (29.04.2011)

o.V. (2011d): DLR Studie: Schiffe Verpesten Luft mehr als Flugzeuge, in http://www.spiegel.de/wissenschaft/natur/0,1518,745729,00.html, (13.05.2011)

o.V. (2011e): Forschungsquote stagniert in Österreich, in http://derstandard.at/1302745575420/Entwicklung-Forschungsquote-stagniert-in-Oesterreich, (27.04.2011)

OECD (2007): Infrastructure to 2030: Mapping policy for electricity, water and transport, 2. Band, OECD, o.O.

OECD (2008): Greenhous Gas Reduction Strategies in the Transport Sector, in http://www.internationaltransportforum.org/Pub/pdf/08GHG.pdf, (22.03.2011)

Pfohl, H. Chr. (1992): Total Quality Management in der Logistik, 3. Band, Erich Schmidt Verlag, Darmstadt

Pfohl, H. Chr. (2004): Logistikmanagement: Konzeption und Funktion, 2. Auflage, Springer Verlag, Heidelberg

Pfohl, H. Chr. (2010): Logistiksysteme: Betriebswirtschaftliche Grundlagen, 8. Auflage, Springer Verlag, Heidelberg

Prammer, K. H. (2009): Integriertes Umweltkostenmanagement, 1. Auflage, Gabler Verlag, Wiesbaden

Prammer, K. H. (2010): Corporate Sustainability: Der Beitrag von Unternehmen zu einer nachhaltigen Entwicklung in Wirtschaft und Gesellschaft, 1. Auflage, Gabler Verlag, Wiesbaden

Puls, T. (2009): Externe Kosten am Beispiel des deutschen Straßenverkehrs, 1. Auflage, Institut der deutschen Wirtschaft, Köln

Republik Österreich (2011): Das Bundesstaatliche Prinzip, in http://www.parlament.gv.at/PERK/BOE/PR/, (09.05.2011)

Rothlauf, J. (2004): Total Quality Management in Theorie und Praxis, 2. Auflage, Oldenbourg Verlag, München

Scherm, E. / Pietsch, G. (2007): Organisation: Theorie, Gestaltung, Wandel, 1. Auflage, Oldenbourg Verlag, München

Schneider et Al (2010): End of life Vehicles: Legal aspects, national practices and recommendations for future successful approach, in http://www.europarl.europa.eu/activities/committees/studies/download.do?language=en&file=34868, (12.04.2011)

Schulz, W. H. (2004): Industrieökonomik und Transportsektor, 1. Auflage, Kölner Wissenschaftsverlag, Köln

Seemann, D. (2011): Niederlande: Amsterdam soll Elektroauto-Stadt werden, in http://www.cleanenergy-project.de/15951/, (29.04.2011)

Shaukat, A. B./ Ying Lim, H. (2006): The effects of technology and TQM on the performance of logistics companies, in International Journal of Physical Distribution & Logistics Management, Vol. 36, No. 3, 2006, S. 192-209

Sijm, J. P. M. (2007): Options for post-2012 EU burden sharing and EU ETS allocation, in http://www.rivm.nl/bibliotheek/rapporten/500102009.pdf, (13.05.2011)

Statistik Austria (2010): Österreich: Zahlen, Daten, Fakten, in http://www.statistik.at/web_de/Redirect/index.htm?dDocName=029266, (04.04.2011)

Sterr, Th. (2003): Industrielle Stoffkreisläufe im regionalen Kontext, 1. Auflage, Springer, Berlin

Stiglitz, J. E./ Walsh, C. E. (2010): Mikroökonomie, 4. Auflage, Oldenbourg Verlag, München

Tálos, E. (2000): Das politische System in Österreich, in http://www.politischebildung.at/upload/polsystem.pdf, (09.05.2011)

Tiess, G. (2009): Rohstoffpolitik in Europa: Bedarf, Ziele, Ansätze, 1. Auflage, Springer Verlag, Wien

Tömmel, I. (2008): Das politische System der EU, 3. Auflage, Oldenbourg Verlag, München

Walmart (2009): Sustainability Index, in http://walmartstores.com/Sustainability/9292.aspx (21.04.2011)

Wannenwetsch, H. (2010): Integrierte Materialwirtschaft und Logistik: Beschaffung, Logistik, Materialwirtschaft und Produktion, 4. Auflage, Springer Verlag, Berlin

Weinreich, S. (2003): Nachhaltige Entwicklung im Personenverkehr, 1. Auflage, Physica Verlag, Heidelberg

Wiese, H. (2005): Mikroökonomik, 4.Auflage, Springer Verlag, Heidelberg

Wiesmeth, H. (2003): Umweltökonomie, 1. Auflage, Springer Verlag, Berlin

Wigger, U. B. (2006): Grundzüge der Finanzwissenschaft, 2. Auflage, Springer Verlag, Berlin

Wildmann, L. (2007): Wirtschaftspolitik, 1.Auflage, Oldenbourg Verlag, München

Winker, H./ Kaluza, B./ Schemitsch, H. B. (2006): Managing economical and ecological goal conflicts – demonstrated in the context of Sustainable Supply Chain Networks, Alpen-Adria-Universiät Klagenfurt

World Commission on Environment and Development (1987): Our Common Future, in http://www.un-documents.net/wced-ocf.htm, (22.3.2011)

Varian H. R. (2007): Grundzüge der Mikroökonomie, 7. Auflage, Oldenbourg Verlag, München